大数据视域下高中数学及精准教学研究

刘 伟◎著

中国出版集团 现代出版社

图书在版编目（CIP）数据

大数据视域下高中数学及精准教学研究 / 刘伟著
. -- 北京：现代出版社，2023.9
ISBN 978-7-5231-0453-8

Ⅰ.①大… Ⅱ.①刘… Ⅲ.①中学数学课-教学研究
-高中 Ⅳ.①G633.602

中国国家版本馆 CIP 数据核字（2023）第 141202 号

大数据视域下高中数学及精准教学研究

作 者	刘 伟
责任编辑	田静华
出版发行	现代出版社
地 址	北京市朝阳区安外安华里 504 号
邮 编	10011
电 话	010-64267325　64245264（传真）
网 址	www.1980xcl.com
电子邮箱	xiandai@ cnpitc.com.cn
印 刷	北京四海锦诚印刷技术有限公司
版 次	2025 年 1 月第 1 版 2025 年 1 月第 1 次印刷
开 本	185 毫米×260 毫米　1/16
印 张	10.5
字 数	237 千字
书 号	ISBN 978-7-5231-0453-8
定 价	58.00 元

前　言

随着大数据技术的不断发展，高中数学教学可以合理利用大数据技术中的数据统计分析与计算功能，对教学过程进行数据追踪与记录，以此保障高中数学课堂教学效率。大数据技术在高中课堂上的应用，能为教师提供新的教学思路，合理借助大数据技术进行教学模式的创新，有助于开展多样化教学，学生可通过自主学习、合作探究等方式开展数学学习，在此过程中教师由之前的主导者变为引导者，能够充分尊重学生的课堂主体性，发挥其学习主动性。

另外，大数据技术的运用，方便教师全面地了解学生的学习情况，为精准化教学奠定良好的基础。教师还可根据学生的实际学情对学生的学习习惯、知识掌握情况、易错点等进行分析。基于大数据技术，高中数学教师可提出针对性较强的教学对策，从而有效提升课堂教学效果。

基于此，笔者以"大数据视域下高中数学及精准教学研究"为题，具体探讨大数据视域下高中数学教学理论、大数据视域下高中数学学习环境创设、大数据视域下高中数学教师素养提升、大数据视域下高中数学教学模式构建、大数据视域下高中数学课堂精准教学、大数据视域下高中数学精准教学实践六个方面的内容。

本书首先对高中数学教学理论进行了系统的思考和研究，力图进一步厘清高中数学体系的发展脉络，解决高中数学教学在大数据背景下所遇到的问题。其次通过分析高中数学的学习环境与教学体系探讨目前教学新形势，内容简繁得当，针对性强；理论联系实际，实用性强；论据深入浅出，可读性强。最后从高中数学精准教学的创新理念出发，分析和阐述数学教学的性质和任务，并用发展的眼光以及最新的教育理念来论述高中数学的创新。

本书适用于高中数学教师、教研员以及数学教育教学研究者，由于本书对不同的研究内容采用了不同的研究视野，运用了不同的研究方法，写作时难免出现疏漏，不足之处敬请读者给予批评和指正。

目　录

第一章　大数据视域下高中数学教学理论审视

第一节　大数据及其关键技术审视

大数据是指大小超出了传统数据库软件工具的抓取、存储、管理和分析能力的数据群。这个定义带有主观性，对于"究竟多大才算是大数据"，其标准是可以调整的，即不以超过多少 TB[①] 为大数据的标准，人们假设随着时间的推移和技术的进步，大数据的"量"仍会增加。应注意到，该定义可以因部门的不同而有所差异，也取决于哪些类型的软件工具是通用的，以及某个特定行业的数据集通常的大小。

大数据的目标不在于掌握庞大的数据信息，而在于对这些含有意义的数据进行专业化处理。换言之，如果把大数据比作一种产业，那么这种产业实现盈利的关键，在于提高对数据的"加工能力"，通过"加工"实现数据的"增值"，大数据是为解决巨量复杂数据而生的。巨量复杂数据有两个核心点，一个是巨量，另一个是复杂。"巨量"意味着数据量大，要实时处理的数据越来越多，一旦在处理巨量数据上耗费的时间超出了可承受的范围，将意味着企业的策略落后于市场。"复杂"意味着数据是多元的，不再是过去的结构化数据了，必须针对多元数据重新构建一套有效的理论或分析模型，甚至分析行为所依托的软硬件都必须进行革新。

一、大数据的基本特征

一般来讲，大数据主要具有四个方面的典型特征，这四个特征通常被称为大数据的"4V"特征，具体如下所述。

第一，数据体量巨大（volume）。大数据的特征首先体现为数据体量大。如今存储的数据数量正在急剧增长，人们身边的所有数据，包括财务数据、医疗数据、监控数据等，都快将人类"淹没"在数据的"海洋"中了。随着计算机深入人类生活的各个领域，数据基数在不断增大，数据的存储单位已经从过去的 GB 级升级到 TB 级，再到 PB 级甚至 EB 级。

---

①太字节（Terabyte），计算机存储容量单位，也常用 TB 来表示。1TB＝1024GB＝240 字节。

第二，数据类型多（variety）。广泛的数据来源，决定了大数据形式的多样性。以往的数据尽管数量庞大，但通常是事先定义好的结构化数据。结构化数据是将事物方便于计算机存储、处理的方向抽象后的结果，结构化数据在抽象的过程中，忽略了一些在特定的应用下可以不考虑的细节。相对于以往的结构化数据，非结构化数据越来越多，包括网络日志、音频、视频、图片、地理位置信息等，这一类数据的大小、内容、格式、用途可能完全不一样，对数据的处理能力提出了更高的要求。无论是企业还是人们日常生活中接触到的数据，绝大部分都是非结构化的。而半结构化数据，就是介于完全结构化数据和完全非结构化数据之间的数据，HTML 文档就属于半结构化数据，它一般是自描述的，数据的结构和内容混在一起，没有明显的区分。

第三，价值高，但价值密度低（value）。价值密度的高低与数据总量的大小成反比。大数据为了获取事物的全部细节，不对事物进行抽象、归纳等处理，直接采用原始的数据，保留了数据的原貌。因此相对于特定的应用，大数据关注的非结构化数据的价值密度偏低。如何通过强大的算法更迅速地完成数据的价值"提纯"，成为目前大数据背景下亟待解决的难题。大数据最大的价值在于通过从大量不相关的各种类型的数据中，挖掘出对未来趋势与模式预测分析有价值的数据，发现新规律和新知识。

第四，处理速度快（velocity）。数据的增长速度和处理速度是大数据高速性的重要体现。在如此海量的数据面前，处理数据的效率显得格外重要。企业不仅需要了解如何快速获取数据，还必须知道如何快速处理、分析，并反馈结果给用户，以满足他们的实时需求。新数据不断涌现，快速增长的数据量要求数据处理的速度也要相应的提升，才能让大量的数据得到有效利用。此外，一些数据是在互联网中不断流动，且随着时间推移而迅速衰减的，如果数据尚未得到及时有效的处理，就失去了价值，大量的数据就没有意义。对不断增长的海量数据进行实时处理，是大数据相对传统数据处理技术而言的一大优势之一。

二、大数据的关键技术

（一）大数据的存储技术

大数据首先需要解决的就是存储问题。大数据首要需满足的一点就是数据量要大——从 GB、TB 到 PB 甚至 EB 级的增长，如何有效管理这些海量数据是大数据存储面临的首要问题。

1. SQL 与传统数据库

传统的数据存储主要采用的是关系型数据库和 SQL 等技术，关系型数据库管理系统

（RDBMS）通过 SQL 这种标准语言对数据库进行操作。比较典型的关系型数据库管理系统有 SQLServer、MySQL、Oracle 和 DB2 等。

在传统的关系型数据库中，数据被归纳为表（table）的形式，并通过定义数据之间的关系，来描述严格的数据模型，这种数据类型也称为结构化数据。这种方式需要在输入数据含义的基础上，事先对字段结构作出定义，一旦定义好后数据库的结构就相对固定。

在数据一致性上，传统关系型数据库存在一个经典的 ACID 原则，即原子性（atomicity）、一致性（consistency）、隔离性（isolation）和持久性（durability）。遵循这一原则在于保证数据存储时保持严密的一致性，然而这也导致其在扩展性能上的欠缺。当数据库存储的数据量增加时，基本是采取增加数据库服务器的数量这样向上扩展的方法进行扩容，难以进行架构上的横向扩展。

2. NoSQL 数据库

尽管 NoSQL 这个概念是近几年才被提出的，但实际上 NoSQL 并不是一个新鲜事物，最早的 NoSQL 系统可以追溯到 20 世纪 80 年代的 Berkeley DB。NoSQL 也可以认为是"Not Only SQL"的简写，是对不同于传统的关系型数据库管理系统的统称，其中最重要的就是 NoSQL 不使用 SQL 作为查询语言。目前市场上存在多种 NoSQL 数据库，它们都各有自己的特点。

（1）NoSQL 数据库的意义。大多数的 NoSQL 数据库的研发动机，都是为了要在集群环境中运行。关系型数据库使用 ACID 原则来保持整个数据库的一致性，而这种方式本身与集群环境冲突。所以，NoSQL 数据库为处理并发及分布式问题提供了众多选项。然而，并非所有的 NoSQL 数据库都是为在集群上运行设计的。图数据库就属于这种风格的 NoSQL 数据库，它的分布模型与关系型数据库相似，但其数据模型能更好地处理复杂的数据关系。

使用 NoSQL 的好处是，开发者可以将精力集中在应用、业务或者组织上面，而不用担心数据库的扩展性。但是，仍有许多应用不能使用 NoSQL，因为它们无法放弃一致性的需求，通常这些都是需要处理复杂关联性数据的企业级应用（例如财务、订单系统、人力资源系统等）。包括 Google 在内的一些公司发现采用 NoSQL 数据库会迫使开发者在应用开发过程中花费过多的精力来处理一致性数据以提高事务的执行效率。

（2）NoSQL 数据库的类型。NoSQL 官网显示的 NoSQL 数据库已超过 200 种，对比传统关系型数据库，NoSQL 大致分为：列存储数据库、文档存储型数据库、键值存储数据库和图数据库等。

第一，列存储数据库。大部分数据库都以行作为单位存储数据，尤其是在需要提高写入性能的场合更是如此。然而，有些情况下写入操作执行得很少，但是经常需要一次读取若干行中的很多列。在这种情况下，将所有行的某一列作为基本数据存储单元，效果会更好，列存储数据库由此得名。列存储数据库将列组织为列族，每一列都必须是某个列族的一部分，而且访问数据的单元也是列，这样设计的前提是，某个列族中的数据经常需要一起访问。典型的列存储数据库有 HBase、Cassandra 等。

第二，文档存储型数据库。文档存储型数据库的数据模型是版本化或半结构化的文档，并以特定的格式存储。文档型数据库可以看作键值数据库的升级版，允许其间嵌套键值，但是文档型数据库的查询效率更高。文档型数据库可以通过复杂的查询条件来获取数据，虽然不具备事务处理和 JOIN 这些关系型数据库所具有的处理能力，但除此之外的其他数据处理基本上都能实现。典型的文档存储型数据库有 Mcmgo DB、Couch DB 等。

第三，键值存储数据库。键值存储数据库是最常用的 NoSQL 数据库，它的数据是以键值对（key-value）的形式存储的。键值存储数据库对于 IT 系统来说优势在于简单、易部署、处理速度非常快。但是，键值存储数据库只能通过键的完全一致查询获取数据，并且，当需要只对部分值进行查询或更新时，键值存储数据库就显得效率低下了。

根据数据的保存方式，键值存储数据库划分为临时性、永久性和两者兼具三种类型。临时性键值存储数据库把所有的数据都保存在内存中，可以非常快速地保存和读取数据。但是，存在数据可能丢失的不足，Memcache DB 便属于这种类型。永久性键值存储数据库把数据保存在硬盘上，读取速度虽然不如临时性键值存储数据库快，但是数据不会丢失，Tokyo Tymnt、Flare、ROMA 等属于这种类型。两者兼具键值存储数据库首先把数据保存到内存中，在满足特定条件时把数据写入硬盘中，这样既确保了内存中数据的处理速度，又可以通过写入硬盘来保证数据的永久性，Redis 就属于这种类型。

第四，图数据库。图数据库同其他行列式数据库或 SQL 数据库不同，它使用灵活的图结构模型，并且能够扩展到多个服务器上。对于很多应用来说，其中的领域对象模型本身就是一个图结构。以基于社交网络的应用为例，用户作为应用中的实体，通过不同的关系关联在一起，如亲人关系、朋友关系及同事关系等，不同的关系又有不同的属性。对于这样的应用，使用图数据库进行数据存储就比较方便。

3. New SQL 数据库

New SQL 是一类现代关系型的数据库，旨在为 NoSQL 的联机事务处理（OLTP）读写负载提供相同的可扩展性能，同时仍然提供事务的 ACID 特性。换言之，New SQL 希望达到与 NoSQL 相同的可扩展性，又能保留关系模型和事务支持，使应用可以执行大规模的并发事务，并使用 SQL 而不是特定的 API 来修改数据库的状态。New SQL 结合了传统关系型数据库和灵活的 NoSQL 数据库的优点，可以预测 New SQL 是未来数据库的发展方向。

基于 New SQL 的定义，并根据 New SQL 数据库的实现方式，可以将 New SQL 数据库大致分为三类：第一类是使用全新的架构；第二类是重新实现数据分片基础架构，并在此基础上开发数据库中间件；第三类是来自云服务提供商的数据库即服务（database-as-a-service，D BaaS），同样基于全新的架构。

（1）使用全新的架构。使用全新的架构意味着从一个全新的起点开始设计，摆脱原有系统的设计束缚。这个分类中所有的数据库都采用分布式架构，对无共享资源进行操作，并且包含多节点并发控制、基于复制的容错、流控制和分布式查询处理等组件。使用一个全新的、为分布式而设计的数据库的优点在于，系统所有的部分都可以针对多节点环境进行优化，包括查询优化、节点间通信协议优化等。另外，这一类数据库可以自我管理主存储，有的是在内存中，有的是在磁盘中。

数据库负责使用定制开发的引擎在其资源上分布数据，而不是依赖现成的分布式文件系统或存储结构，这使数据库能够"向数据发送存储"，而不是"将存储带给查询"，意味着消耗更少的网络流量。因为跟传输数据相比，传输查询所需的网络流量要少得多。但是，新架构的 New SQL 数据库的使用情况是呈下降趋势的，因为没有大规模的安装基础和实际生产环境的验证。

（2）实现、开发数据分片中间件。用户可以借助数据分片中间件将数据库划分为多个部分，并存储到由多个单节点机器组成的集群中。集群典型的架构是在每个节点上都安装一个组件来与中间件通信，这个组件负责代替中间件在数据库实例上执行查询并反馈结果，最终由中间件整合。对应用来说，中间件就是一个逻辑上的数据库，应用和底层的数据库都不需要修改。使用数据分片中间件的核心优势在于，它们通常能够非常简单地替换原先使用单节点数据库的应用的数据库，并且开发者无须对应用作任何修改。

这类数据库采用的是面向磁盘存储架构，不能像新架构的 New SQL 系统那样使用面向内存的存储管理和并发控制方案。中间件会导致在分片节点上执行复杂查询操作时出现冗余的查询计划和优化操作（即在中间件执行一次，在单节点上再执行一次），不过所有节点可以对每个查询使用局部的优化方法和策略。

（3）源于云服务的数据库即服务。云服务提供商的 New SQL 方案是数据库即服务。通过云服务，用户不需要在自己的硬件设备上或者云端虚拟机上安装和维护数据库。数据库的提供商负责维护所有的数据库物理机及其配置，包括系统优化（例如缓冲池调整）、复制以及备份等工作。DBaaS 交付给用户的只是一个连接数据库的 URL，以及一个用于监控的仪表盘页面或者一组用于系统控制的 AH。

4. 分布式存储和云存储

大数据导致了数据量的爆发式增长，传统的集中式存储在容量上和性能上都无法较好地满足大数据的需求。因此，具有优秀的可扩展能力的分布式存储与云存储成为大数据存储的主流架构方式。分布式存储在性能、维护和容错等方面都具有不同程度的优势；云存储多采用普通的硬件设备作为基础设施，因此单位容量的存储成本也会降低。

（1）分布式存储的技术。分布式存储系统需要解决的关键技术问题包括可扩展性、数据冗余性、数据一致性、缓存等。从架构上讲，分布式存储大体可以分为 C/S（client-server，客户—服务器）架构和 P2P（peer-to-peer，端到端）架构两种。当然，也有一些分布式存储中会同时存在这两种架构方式。谈到分布式系统的设计，便会提及著名的 CAP 理论，该理论指出，一个分布式系统不可能同时保证一致性（consistency）、可用性（a-vailability）和分区容错性（partition tolerance）这三个要素。因此，一个分布式存储系统将根据其具体业务特征和具体需求，最大化地优化其中两个要素。当然，一个分布式存储系统往往会根据其业务的不同，在特性设计上作不同的取舍，例如是否需要缓存模块、是否支持通用文件系统接口等。

（2）云存储的技术。云存储是由第三方运营商提供的在线存储系统，例如面向个人用户的在线网盘和面向企业的文件或对象存储系统。云存储的运营商负责数据中心的部署、运营和维护等工作，将数据存储以服务的形式提供给客户，客户不需要自己搭建数据中心和基础架构，也不需要关心底层存储系统的管理和维护等工作，并且可以根据业务需求动态地扩大或减小其对存储容量的需求。

云存储背后的技术主要是分布式存储技术和存储虚拟化技术。存储虚拟化是通过抽象和封装底层存储系统的物理特性，将多个互相隔离的存储系统统一化为一个抽象的资源池的技术。

存储虚拟化技术主要分为三种：一是基于主机的虚拟化存储；二是基于网络的虚拟化；三是基于存储设备的虚拟化存储。通过存储虚拟化技术，用户数据可以实现逻辑上的分离、存储空间的精简配置等特性。总而言之，云存储通过集中统一地部署和管理存储系统，降低了数据存储的成本，从而也降低了大数据行业的准入门槛。

（二）大数据处理与计算技术

随着数据持续爆炸式的增长，仅仅对数据进行存储是远远不够的，还需要对其进行有效的处理和计算。

1. 大数据分布式计算框架：MapReduce

MapReduce 一词来源于 Google 公司的杰弗里·迪安和桑杰·格玛沃特于 2004 年发表

的一篇论文，该论文针对 Google 公司的核心业务——全网搜索引擎，包括网页的抓取、索引以及查询等功能，在面临海量原始输入数据的累积、纯粹高效的计算方法遭遇计算时间瓶颈时而提出的可行解决方案。MapReduce 计算框架的提出，可以说是 Google 公司对自己所面临的挑战进行分析和总结后所做的一次天才的抽象。

简单来说，MapReduce 是一种分布式的计算框架，或者支持大数据批量处理的编程模型。MapReduce 对于大规模数据的高效处理完全依赖于它的设计思想，其设计思想可以从以下三个层面来阐述，具体如下。

（1）大规模数据并行处理，即"分而治之"的思想。MapReduce 借鉴了分治算法对问题实施的分而治之的策略，但前提是保证数据集的各个划分的处理过程是相同的，且相互独立，即任意两个数据块不存在依赖关系。这样采用合适的划分对输入数据集进行分片，每个分片交由一个节点处理，各节点之间的处理是并列进行的，一个节点不关心另一个节点的存在与操作，最后将各节点的中间运算结果进行排序、归并等操作以归约出最终处理结果。

（2）MapReduce 编程模型。MapReduce 计算框架的核心是 MapReduce 编程模型，其中 Map（映射）和 Reduce（归约）是借用自 Lisp 函数式编程语言的原语，同时也包含了从矢量编程语言里借来的特性，通过提供 Map 与 Reduce 两个基本函数而增加了自己的高层并行编程模型接口。Map 操作主要负责对海量数据进行扫描、转换以及必要的处理过程，从而得到中间结果。中间结果通过必要的整理，最后将由 Reduce 函数来处理并输出最终结果。这就是 MapReduce 对大规模数据处理过程的抽象。

（3）分布式运行时环境。MapReduce 的运行时环境实现了诸如集群中节点间通信、节点出错检测与失效恢复、节点数据存储与划分、任务调度以及负载均衡等底层相关的运行细则。这也使编程人员更加关注应用问题与算法本身，而不必掌握底层的细节，就能将程序运行在分布式系统上。

MapReduce 计算框架假设用户需要处理的输入数据是一系列的 key-value 对，在此基础上定义了两个基本函数：Map 函数和 Reduce 函数，业务逻辑的实现者则需要提供这两个函数的具体编程实现。

2. Hadoop 处理平台及相关生态系统

Hadoop 被公认为是一套行业大数据标准开源软件，是一个实现了 MapReduce 计算模式的能够对海量数据进行分布式处理的软件框架。Hadoop 计算框架最核心的设计是 HDFS 和 MapReduce。HDFS 实现了一个分布式的文件系统，MapReduce 则是提供一个计算模型。Hadoop 中 HDFS 具有高容错特性，同时它是基于 Java 语言开发的，这使 Hadoop 可以部署在低廉的计算机集群中，并且不限于某个操作系统。Hadoop 中 HDFS 的数据管理能力，MapReduce 处理任务时的高效率，以及它的开源特性，使其在同类的分布式系统中大放异彩，并在众多行业和科研领域中被广泛采用。

Hadoop 的生态系统，主要由 HDFS、YARN、MapReduce、HBase、Zookeeper、Pig、Hive 等核心组件构成，另外还包括 Flume、Flink 等框架以用来与其他系统融合。

（1）HDFS。Hadoop 分布式文件系统 HDFS 被设计成适合运行在通用硬件上的分布式文件系统。它和现有的分布式文件系统有很多共同点。但是，它和其他的分布式文件系统的区别也是很明显的。HDFS 是一个高度容错性的系统，适合部署在廉价的机器上，HDFS 能提供高吞吐量的数据访问，非常适合大规模数据集上的应用。

（2）Hadoop MapReduce。Hadoop MapReduce 是 Google MapReduce 计算框架的开源实现，基于它编写出来的应用程序能够运行在由上千个商用机器组成的大型集群上，并以一种可靠、容错的方式并行处理上 T 级别的数据集。一个 MapReduce 的过程大致可以分为以下阶段：Input split（输入分片）阶段；Map 阶段；Combiner 阶段；Shuffle 阶段；Reduce 阶段。

简而言之，一个 MapReduce 作业（job）通常会把输入的数据集切分为若干独立的数据块，由 Map 任务以完全并行的方式处理它们，框架会对 Map 的输出先进行排序，然后把结果输入给 Reduce 任务。通常作业的输入和输出都会被存储在文件系统中，整个框架负责任务的调度和监控，以及重新执行已经失败的任务。

（3）YARN。为从根本上解决旧的 MapReduce 框架性能瓶颈，促进 Hadoop 框架的更长远的发展，Hadoop 的 MapReduce 框架完全重构，发生了根本性的变化。新的 HadoopMapReduce 框架命名为 MapReduceV2 或者叫 YARN。YARN 主要由资源管理器（resource manager，RM）、节点管理器（node manager，NM）、应用实体（application master，AM）和容器（container）等组件构成。具体来讲，各部分组件功能如下所述。

第一，资源管理器。资源管理器是一个全局的资源管理器，负责整个系统的资源管理和分配。它主要由两个组件构成：调度器（scheduler）和应用程序管理器（applications manager，ASM）。其中调度器根据容量、队列等限制条件（如每个队列分配一定的资源，最多执行一定数量的作业等），将系统中的资源分配给各个正在运行的应用程序。调度器只负责调度，而不参与任何与具体应用程序相关的工作，具体工作均交由应用程序相关的应用实体完成。调度器的资源分配单位用一个抽象概念"资源容器"（resource container，简称 container）表示，资源容器是一个动态资源分配单位，它将内存、CPU、磁盘、网络等资源封装在一起，从而限定每个任务使用的资源量。而应用程序管理器负责管理整个系统中所有应用程序，包括应用程序提交、与调度器协商资源以启动应用实体、监控应用实体运行状态并在失败时重新启动它。总体而言，资源管理器负责处理客户端请求，启动或监控应用实体，监控节点管理器以及资源的分配与调度。

第二，节点管理器。节点管理器是每个节点上的资源和任务管理器，一方面，它会定时地向资源管理器汇报本节点上的资源使用情况和各个容器的运行状态；另一方面，它接收并处理来自应用实体的容器启动或停止等各种请求。节点管理器提供针对集群中每个节点的服务，从对一个容器的终生管理到监视资源、跟踪节点健康等。

第三，应用实体。用户提交的每个应用程序均包含一个应用实体，它管理 YARN 内运行的每个应用程序实例，负责协调来自资源管理器的资源（用容器表示），将得到的任务进一步分配给内部的任务，与节点管理器通信以启动或停止任务，并通过节点管理器监视容器的执行和资源使用（CPU、内存等的资源分配），监控所有任务运行状态，并在任务运行失败时重新为任务申请资源以重启任务。

第四，容器。容器是 YARN 中的资源抽象，它封装了某个节点上的多维度资源，当应用实体向资源管理器申请资源时，资源管理器为应用实体返回的资源便是用容器表示的。YARN 会为每个任务分配一个容器，且该任务只能使用该容器中描述的资源。

（4）HBase。HBase 是基于列式存储的非关系型分布式数据库，它参考了 Gougle 的 Bigtable 建模，实现的编程语言为 Java。它是 Apache 软件基金会的 Hadoop 项目的一部分，运行于 HDFS 文件系统之上，为 Hadoop 提供类似于 Bigtable 规模的服务。所以，它可以容错地存储海量稀疏的数据。在 Hadoop 生态系统中，HBase 位于结构化存储层，HDFS 为 HBase 提供了高可靠性的底层存储支持，Hadoop MapReduce 为 HBase 提供了高性能的计算能力，Zookeeper 为 HBase 提供了稳定服务。

第一，HBase 数据模型。HBase 以表的方式存储数据。表是由行和列构成的，所有的列是从属于某一个列族的。行和列的交叉点称为数据单元（cell），数据单元是版本化的，并且其内容是不可分割的字节数组。表的行键也是一段字节数组，所以任何东西都可以保存进去，不论是字符串或者数字。

第二，HBase 基础概念。Row Key：行键，即表的主键。与 NoSQL 数据库一样，行键是用来检索记录的主键。要访问 HBase 表中的行，共有三种方式：一是通过单个行键访问；二是通过行键的范围；三是通过全表扫描。进行存储时，数据按照行键的字典顺序存储。设计行键时，要充分排序存储这个特性，将经常一起读取的行存储放到一起。

列族（column family）：HBase 表中的每个列，都归属与某个列族。列族是表的模式的一部分（而列不是），必须在使用表之前定义。列名都以列族作为前缀。

数据单元（cellh）由 {ROWKEY，列，版本号} 唯一确定的单元，数据单元中的数据是没有类型的，全部是字节码形式存储。

时间戳（timestamp）：HBase 中每个数据单元都保存着同一份数据的多个版本，版本号则通过时间戳来索引。时间戳可以由 HBase 在数据写入时自动赋值，此时时间戳是精确到毫秒的当前系统时间；时间戳也可以由用户显式地赋值。如果应用程序要避免数据版本冲突，就必须自己生成具有唯一性的时间戳。每个数据单元中，不同版本的数据按照时间倒序排序，即最新的数据排在最前面。

第三，HBase 适用场景。HBase 并不擅长传统的事务处理程序或关联分析，它也不能完全替代 MapReduce 过程中使用到的 HDFS。所以对 HBase 而言，使用之前要明确其适合的应用场景。以下列出的几个场景可以作为参考，具体如下：一是，成熟的数据分析主题，查询模式已经确立，并且不会轻易改变；二是，传统的关系型数据库已经无法承受负荷，高速插入，大量读取；三是，适合海量的但同时也是简单的操作。

（5）Hive。Hive 诞生于 Facebook 的日志分析需求，面对海量的结构化数据，Hive 以较低的成本完成了以往需要大规模数据库才能完成的任务。Hive 是基于 Hadoop 的一个数据仓库工具，可以将结构化的数据文件映射为一张数据库表，并提供简单的 SQL 查询功能，可以将 SQL 语句转换为 MapReduce 任务进行运行。其优点是学习成本低，可以通过类 SQL 语句快速实现简单的 MapReduce 统计，不必开发专门的 MapReduce 应用，十分适合数据仓库的统计分析。

Hive 提供了一系列的工具，可以用来进行数据提取、转化、加载（ETL），这是一种可以存储、查询和分析存储在 Hadoop 中的大规模数据的机制。Hive 定义了简单的类 SQL 查询语言，称为 HQL，它允许熟悉 SQL 的用户查询数据。

Hive 架构包括几个组件：CLI（命令行界面）、JDBC/ODBC（Java 数据库连接/开放数据库连接）、元数据服务、Thrift 服务、Web 图形用户界面、驱动器（包括编译器、优化器和执行器）。这些组件可以分为两大类：即服务端组件和客户端组件。

服务端组件包括元数据服务、Thrift 服务和驱动器。元数据服务组件存储 Hive 的元数据，元数据对于 Hive 十分重要，因此 Hive 支持把元数据服务独立出来，安装到远程的服务器集群里，从而解耦 Hive 服务和元数据服务，保证 Hive 运行的健壮性。Thrift 服务是一个软件框架，它用来进行可扩展且跨语言的服务的开发，Hive 集成了该服务，能让不同的编程语言调用 Hive 的接口。驱动器组件包括编译器、优化器和执行器，它的作用是将 HQL 语句进行解析、编译优化，生成执行计划，然后调用底层的 MapReduce 计算框架。

客户端组件包括 CLI（命令行界面）、Client（客户端）和 Web 图形用户界面。CLI 启动时，会同时启动一个 Hive 副本。Client 是 Hive 的客户端，帮助用户连接至 Hive 服务器，在启动 Client 模式时，需要指出 Hive 服务器所在的节点，并且在该节点启动 Hive 服务器。Web 图形用户界面是指通过浏览器的方式访问 Hive。

3. Spark 计算框架及相关生态系统

Spark 发源于美国加州大学伯克利分校的 AMP 实验室，现今，Spark 已发展成为 Apache 软件基金会旗下的著名开源项目。Spark 是一个基于内存计算的大数据并行计算框架，从多迭代的批量处理出发，包含了数据库、流处理和图运算等多种计算范式，提高了大数据环境下的数据处理实时性，同时保证高容错性和可伸缩性。Spark 是一个正在快速成长的开源集群计算系统，Spark 生态系统中的软件包和框架日益丰富，使 Spark 能够进行高级数据分析。

（1）Spark 的主要特性。作为一个面向大数据的并行计算框架，Spark 具有很多优秀的特性。

第一，快速处理能力。随着实时大数据的应用要求越来越多，Hadoop MapReduce 将中间输出结果存储在 HDFS，但读写 HDFS 造成磁盘 I/O 频繁的方式已不能满足这类需求。而 Spark 将执行工作流抽象为通用的有向无环图（DAG）执行计划，可以将多任务并行或者串联执行，将中间输出结果存储在内存中，无须输出到 HDFS 中，避免了大量的磁盘 I/O。

第二，易于使用。Spark 支持 Java、Scala、Python 和 R 等语言，允许在 Scala、Python 和 R 中进行交互式的查询，降低了开发门槛。此外，为了适应程序员业务逻辑代码调用 SQL 的模式、围绕数据库+应用的架构工作的方式，Spark 支持 SQL 及 Hive SQL 对数据进行查询。

第三，支持流式运算。与 MapReduce 只能处理离线数据相比，Spark 还支持实时的流运算。可以实现高吞吐量的、具备容错机制的实时流数据的处理。从数据源获取数据之后，可以使用诸如 Map、Reduce 和 Join 等高级函数进行复杂算法的处理，最后还可以将处理结果存储到文件系统、数据库中，或者作为数据源输出到下一个处理节点。

第四，丰富的数据源支持。Spark 除了可以运行在当下的 YARN 集群管理之外，还可以读取 Hive、HBase、HDFS 以及几乎所有的 Hadoop 数据。这一特性让用户可以轻易迁移已有的持久化层数据。

（2）Spark 生态系统 BDAS 的内容。BDAS 涵盖 4 个官方子模块，有 Spark SQL、Spark Streaming、机器学习库 MLlib 和图计算库 GmphX 等子项目，这些子项目在 Spark 上层提供了更高层、更丰富的计算范式。可见 Spark 专注于数据的计算，而数据的存储在生产环境中往往还是由 Hadoop 分布式文件系统 HDFS 承担。以下是对 BDAS 的各个子项目的简要分析：

第一，Spark。Spark 是整个 BDAS 的核心组件，是一个大数据分布式编程框架，不仅实现了 MapReduce 的算子 Map 函数和 Reduce 函数及计算模型,还提供更为丰富的数据操作。Spark 将分布式数据抽象为弹性分布式数据(RDD),实现了应用任务调度、远程过程调用(RPC)、序列化和压缩等功能,并为运行在其上的上层组件提供编程接口(API)。其底层采用 Scala 函数式语言书写而成,并且所提供的 API 深度借鉴 Scala 函数式的编程思想,提供与 Scala 类似的编程接口。Spark 将数据在分布式环境下分区,然后将作业转化为有向无环图(DAG),并分阶段进行 DAG 的调度和任务的分布式并行处理。

第二,Spark SQL。Spark SQL 的前身是 Shark,是伯克利实验室 Spark 生态环境的组件之一。它修改了 Hive 的内存管理、物理计划、执行三个模块,并使之能运行在 Spark 引擎上,从而使 SQL 查询的速度得到十倍百倍的提升。随着 Spark 的发展,Shark 对于 Hive 的太多依赖(如采用 Hive 的语法解析器、查询优化器等),制约了 Spark 的"一栈式管理所有"(one stack rule them all)的既定方针,制约了 Spark 各个组件的相互集成,所以出现了 Spark SQL 项目。

相比 Shark,Spark SQL 主要有以下几个特点,具体如下。

兼容性方面:不但兼容 Hive,还可以从弹性分布式数据集(HDD)等文件中获取数据,未来版本甚至支持获取关系型数据库数据以及 NoSQL 数据。

性能优化方面:除了采取内存中列存储、字节码生成等优化技术外,还将用代价模型对查询进行动态评估、获取最佳物理计划等。

组件扩展方面:无论是 SQL 的语法解析器、分析器还是优化器都可以重新定义,进行扩展。

第三,Spark Streaming。Spark Streaming 是一种构建在 Spark 上的实时计算框架,它扩展了 Spark 处理大规模流式数据的能力,提供了一套高效、可容错的准实时大规模流式处理框架,它能和批处理及即时查询放在同一个软件中,降低学习成本。

第四,GraphX。GraphX 是一个分布式图处理框架,它是基于 Spark 平台提供对图计算和图挖掘的、简洁易用且丰富的接口,极大地方便了对分布式图处理的需求。图(graph)的分布式或者并行处理其实是把图拆分成很多的子图,然后分别对这些子图进行计算,计算的时候可以分别迭代进行分阶段的计算。对图视图的所有操作,最终都会转换成其关联的表(table)视图的 RDD 操作来完成,在逻辑上,等价于一系列 RDD 的转换过程。GraphX 的特点是离线计算、批量处理、基于同步的整体同步并行计算模型(BSP 模型),这样的优势在于可以提升数据处理的吞吐量和规模。

第五,MLlib。MLlib 是构建在 Spark 上的分布式机器学习库,它充分利用 Spark 的内存计算和适合迭代型计算的优势,将性能大幅度提升,让大规模的机器学习的算法开发不再复杂。

第二节　高中数学教学的价值和意义

一、高中数学教学的价值

（一）为学生深度发展提供了数学经验

高中数学教学不是全民教育，是进一步提高文化科学素质的数学教育。但是，高中数学教学仍然属于基础教育，所以高中数学教学具有基础性。首先，经过高中数学教学，学生可以获得更高的数学素养，以适应现代生活。在高中数学学习中，比运算更重要的是思维方式。高中教学是通过对学生思维模式的锻炼，从根源改变学生的学习成绩。学生通过课堂学习，不仅能掌握大量的数学知识，还能建立空间、象限、函数、公式算法、运算法则等重要的思维方式，提高学生的逻辑思维、形象思维能力。与此同时，学生在遇到数学难题时，能根据以往课本中所学的知识，积极思考问题、解决问题。若遇到高难度且复杂情景化的数学难题，能通过多人合作、互帮互助的方式解决难题，激发学生的思维潜能，培养其创新精神，进而提高学生辩证唯物主义的认知能力。

此外，高中数学教学中经常会出现团体合作项目，前后桌之间讨论交流不仅有助于学生思维扩散，及早解决问题，还可以提高学生的交流能力。高中教学课程中涉及类目众多，如正弦定理、三角函数、集合语言、概率计算等，这些都需要学生运用老师所说的思维逻辑思考、交流、探讨。高中数学学习是扎根式的学习模式，它是学生今后进行科学钻研和升学深造的基础，无论今后学生选择怎样的专业，都离不开高中数学的影子，因此，高中数学教学还扮演着承上启下的角色，对学生今后的学习和生活都会产生深远的影响。

（二）有利于学生自身的思维能力培养

如今，虽然提倡素质教育改革，但应试教育教学背景下的高考，仍然是学生压力的关键所在。然而，数学思维不等于解题能力，学生能听懂课堂上老师讲的解题思路，但难以运用课堂上学习到的知识从容地解答出与数学问题相关的现实问题。高中数学教学是学生思维成长的关键时期，也是学生智力成长的重要阶段，为此，学生要学会思考，善于思考，而且要有自主学习的能力。

高中数学的教学目的，最主要的是让学生掌握高考大纲规定的应掌握的知识点，另外要提高学生的数学素养和思维能力。数学作为决胜高考的关键，自然受到教师和学生的特别关注。而提升数学成绩的关键则是数学教师的教学，能够让学生贯彻解题思路，顺利解答出数学难题。然而，在实际的教学中，因为学生思维方式和解题思路的不同，导致不同的人对同一问题会有不一样的解题模式。数学教师在教学过程中应有意识地培养学生的创新思维能力，希望学生能通过举一反三的模式，不断提高自身的解题能力。另外，创新思维伴随学生的整个学习生涯，若学生能够不断地钻研，形成自己的思维习惯，不但能提升自己的解题能力、学习成绩，对其今后的发展都有帮助。

（三）对教学育人作用发挥有重要价值

然而，面对高考的重担，很多时候数学教学会变成应试教育的一个工具，无论是教师还是学生，都转变成应试教育下的填鸭式学习，着重将精力放在高中数学教育相关知识点、考点、重难点精讲方面。因此，数学教师在课程教育中，应重视德育教学成果，除了基础的专业知识外，还应该将素质教育融入日常的教学中，让学生除了掌握课本知识以外，还能够融会贯通多项生活技能。例如教师透过专业知识，侧面反映现实世界，做到真正的以德育人，以德服人。

对于高中学生来讲，数学本身就是众多学科中最枯燥、最晦涩难懂的一门学科。数学教学要想生动，必须从德育教学入手，将教学融入生活元素，例如一个抽象的比喻、一个智慧的幽默等折射出来的真理中蕴藏着数学逻辑思维。数学文化与人文历史本身就有千丝万缕的关系，可见，学生也喜欢教师这样的授课方式，这样也更能让学生融入课堂的情境教学中，还能升华师生感情。

二、高中数学教学的意义

（一）加强高中数学教学是时代要求

我们生活在一个信息高速发展的互联网时代，信息化教学已经成为高科技钻研项目的核心技术。当下的生活汇总，无论是方案制订、设计修正，还是具体到施工操作，都处处依赖于数学技术。因此，强化数学教学已经是大势所趋。

（二）加强数学教学是学科自身要求

1. 数学具有高度的抽象性

高中数学内容是严谨的、现实的，仅仅是从客观逻辑数量关系和空间形式中反映一些现实问题，舍弃外界一切不相干的介质，这就是数学的抽象特点。数学学科是建立在抽象的基础上，通过数学文化、语言、符号的加深，让其不断地升华，这是任何学科都无法比拟的。此外，数学家对一些数学难题的探索，给数学的交流、提升带来了很大的转变，让数学的抽象性逐渐地多元化，这也是数学区别于其他学科的一个特点。由此可见，高中数学教学中，对学生抽象思维的培养至关重要。

2. 数学具有严谨的逻辑性

数学教学不同于物理学科或者其他可以用实验去佐证的学科。数学的本质是推理，它的最终结果需要一整套严谨科学的推理，证明这个结论是正确的。因此，数学教学中会应用到很多公式，创设契合学情的定理、公式的生成情境，即根据授课对象——学生的学情特点而创设的一个再创造过程。这些公式可以在数学公理中直接应用，套用公式将一些看似不相干的命题联系在一起，这里所说的命题，是可供判断的陈述句，如果也用陈述句表述计算结果，那么，数学的所有结论都是命题。所谓有逻辑的推理，是指所要判断的命题之间具有某种传递性，用逻辑的方法判断为正确并作为推理的根据的真命题就是定理。数学逻辑思维能力是一种严密的理性思维能力。数学逻辑思维能力是正确合理的思考，即对事物进行观察、类比、归纳、演绎、分析、综合、抽象和系统化等思维方法，运用正确的推理方法、推理格式，准确而有条理地表述自己思维过程的严密理性活动。培养学生的逻辑思维能力是高中数学教学的目的之一。

3. 数学具有应用的广泛性

现代社会，小到日常生活，大到科学研究，都离不开数学学科的支持。尤其是现代信息技术的发展，数学学科的应用越来越广泛。不仅如此，数学与其他学科之间也有相关的联系，例如每门学科的定性研究都会转化为定量研究，数学学科正好可以解决量的问题。数学是最基本的学科，也是最有科学哲理的学科。无论是自然科学类还是社科类，一切问题都要回归数学，用数学的方法严密论证和推理，然后实践检验。因此，数学在高等教育中已经和英语、语文并列为三大重要的基础学科，数学学好了，对学习物理、化学、生物等方面都有很好的帮助。数学应用的广泛性也是数学最显著的特点之一，主要包括两个方面：第一，在生产、日常生活和社会生活中，我们几乎每时每刻地运用着最普通的数学概念和结论；第二，全部现代科技的发展都离不开数学，因此数学应用的广泛性是必不可少的。

第三节　高中数学思维能力与方法选择

一、高中数学思维及其培养

（一）高中数学思维本质

数学思维是人脑对客观事物的数量关系和空间形式间接的、概括的反映，是一种用文字和符号构成概念、判断、推理的心理过程。当学生面对一个具体数学问题时，在解决问题的动力驱动下，搜寻问题提供的已知信息，有时是条件，有时是结论，也或者是图形，对它们进行一系列的直觉感知、接受，并将其熟知部分予以攻破，不熟知部分利用大脑对其进行有效分析，进行工作记忆，在解决探索问题的过程中取得成功后，进行整理表述，对这样产出的结果进行最终检验，此过程的最终结束也标志着数学思维过程完成。

数学思维是思维的一种，首先具有思维的一般特性；其次具有不同于一般思维的独特性质。例如，在数学及其研究过程中，作为数学思维载体的简约数学语言和数学符号的抽象性、结构特征性等都决定了数学思维的独特特性，如整体性、严谨性、问题性、相似性等。

按照思维活动的总体规律，数学思维通常可分为数学直觉思维、数学逻辑思维、数学形象思维。

第一，数学直觉思维。数学直觉思维是在大量基础知识和实践经验的基础上，在初期遇到数学问题时，对其整体观察后，瞬间产生的一种非逻辑判断的、对该问题的某种本质特征认识，是灵感的闪现，是迅速的、下意识的一种判断，对解决问题的进程有一定的指向性。数学直觉思维不是逻辑的，但具有整体性、直接性、不可解释性、或然性等重要特征。

第二，数学逻辑思维。数学逻辑思维不同于数学直觉思维，它借助已知的数学概念、定理、公式进行一系列的判断、推理、论证等思维过程，其中对比、抽象、分析、概括、综合、（完全）归纳、演绎等为思维过程中的主要数学方法，并要求运用数学语言和数学符号来反映数学问题本质规律的一种思维，它具有抽象性和逻辑性的特征。数学问题本身就需要按照一定的理性逻辑来推理和论证，整个过程具有严谨的逻辑体系，同时这些推理和论证过程所需的数学概念、定理、公式的叙述采用的是抽象的、概括的一种叙述形式。另外，逻辑思维有着严格的逻辑规则，它的基本规律和辩证逻辑的规律是逻辑推演法和规则法，它们是逻辑思维区别于其他思维的重要特征之一，在这种强大的逻辑推理过程中促使人们不断实现新的突破，形成新的知识，提高思维成果的可靠性。

第三，数学形象思维。数学形象思维是个体根据客观实物的表象进行的一种思维活动，它的基本形式是表象和想象，其中表象又是数学形象思维的基本元素，它的主要方法是猜想、联想、类比、观察与实验，以此个体对客观实物的具体表象材料进行有意识的加工获得领会的一种思维方式。首先，数学表象是对客观事物的形体特征或形式结构抽象的、概括的观念性形象。例如，数学中各种函数图象、统计图表、几何图形、数学概念、语言、符号等都是数学表象，它们是理想化的带有一般性的数学形象。其次，数学想象是个体在收集大量的客观事物的表象后，运用已有的数学知识、思想和方法对其收集的丰富表象进行加工整理，创造出新的数学表象的一种重要的数学想象思维形式，具体可分为再造性想象和创造性想象两种。数学中的再造性想象是指个体依据已有的数量关系与几何形式的语言文字描述或图形的展示，创造出新表象的思维。创造性想象不依赖已有的数量关系和几何形式的语言文字描述或图形的展示，而是根据一定目的、任务与理论，独立地创造出新表象的思维。

由此可见，高中数学教学中应努力培养学生的这三种基本数学思维能力。此外，运算能力是逻辑思维能力的一部分，是它与运算技能相结合的产物；空间想象能力是形象思维能力的一部分，是它与几何形式相结合的产物。逻辑思维和形象思维是主体，主体水平的提高为直觉思维的发展提供了坚实的基础。

（二）高中数学思维培养

1. 高中数学思维培养的现实意义

"思维是人脑对客观事物的一般特性和规律的一种间接的、概括的反映过程，是在感知的基础上实现的高级的认识形式。"[①] 思维是人类的理性认识活动，它推动着人类社会的发展，同时也推动着人类自身的智能发展。数学学习过程中充满着思维过程，可由此来培养学生的思维能力。在现代数学教学中，越来越强调培养学生的思维能力，这已成为数学教学改革的重要趋势，无疑也是高中数学教学的重要任务之一，是实施素质教育，开发学生智能，提高学生能力和素质的重要措施，是我们当今数学教学的必然趋势，也是由"应试教育"向素质教育转轨和教育要面向现代化、面向世界、面向未来的必然需要。所以，培养高中生的思维能力有着十分重要的现实意义和理论意义，是高中数学教学永恒的主题。

---

①魏平义，潘静，杨永东. 高中数学基本理念思考与实践教学：2017 年版《普通高中数学课程标准》[M]. 长春：吉林人民出版社，2020：64.

（1）培养高中学生思维能力是实现素质教育的必要条件。素质教育的实施应该以提高国民基本素质为根本宗旨，并应注重培养学生的创新精神以及实践能力，才可造就出"有理想、有道德、有文化、有纪律"的德智体美劳全方位发展的社会建设者。因此，作为接受更全更深更新的学习环境的考验的高中生，提高思维能力有着非常重要的现实意义。

（2）培养高中生的思维能力是高中数学新课程标准的理念之一。高中数学新课程标准的基本理念中明确指出，不断提高学生的数学思维能力是高中数学教育的基本目标之一，也是重点之一。学生在逐步学习数学并用其解决具体或实际问题时，逐步经历着数学直觉的感知、观察、猜想、发现、类比、归纳、抽象概括、演绎与证明、数学符号运用、运算与求解、数据合理分析或空间立体思维的想象等，最终进行反思与建构总结的思维过程，这些具体实际的体会过程就是数学思维能力学习与发展的具体体现，不仅有助于发展学生的数学能力，同时还能促使学生对客观事物中蕴含的数学原理进行思考和判断；数学思维能力也有助于学生形成理性思维。最终，促使学生形成并具备优秀的数学思维品质，使学生面对客观现实时运用数学的方法分析问题和解决问题。

（3）培养高中生的思维能力是数学教学改革的当务之急。当前，在高中数学教学中存在教师讲太多，学生练太多，学校考太多等应试教育现象，这使学生负担过重，限制了学生自主学习的积极性，影响了学生对学习数学的兴趣，阻碍了学生思维能力的发展，影响了学生创新精神的提高和高中数学教学质量的提高，也影响了高中生今后的进一步深造。如何扭转这种现象，按教育规律办事，特别是重视能力的培养，已成为中学数学教学质量提高的当务之急。

（4）培养高中生的思维能力是面向实际生活的关键。新课程标准增设了"实践与综合运用"，有意识地引导学生体会数学思维与他们的生活经验、现实社会和其他学科的联系，以及数学在人类文明发展与进步过程中的作用；体会数学知识的内在联系。这是数学新课程标准的宗旨，使学生获取新知识的能力，分析和解决问题的能力，以及交流与合作的能力皆可得到提升，促进学生发展，体现着改革与创新精神，让数学服务于生活，人人都学有用的、有价值的、必需的数学，而不同的人在学到这样的数学后能获得不同的发展前景。

作为新时代的教师应与时俱进，摒弃旧的思想理论，不断学习实践，更新教学观，使我们的教学适应现代学生的发展。因此，如何在数学教学中培养高中生的思维能力是摆在数学教师面前的重要课题之一。

2. 高中数学思维培养的基本特征

高中生数学思维，是指在高中数学学习中学生在对数学问题感性认识的基础上，运用类比、归纳、综合、分析、演绎等高中数学基本方法进行推理和论证，理解并掌握高中数学知识并运用它解决具体数学问题，从而提高对数学本质和规律认识的能力。

高中生数学思维发展的主要特点是，抽象逻辑思维较初中时期更为日新月异地迅速发展并且慢慢占据了相对优势的地位，同时形象思维也随着逻辑思维的发展而进一步提高，学生的这两种思维在高中学习中并驾齐驱地迅猛发展且日渐成熟，有质的飞跃；思维的独立性、批判性、灵活性、发散性及深刻性有了显著的提高，虽然在发展的过程中不同个体在遇到不同问题时会表现得有差异性并且不够成熟，易产生片面性和表面性，这都是他们的知识以及实际解决问题的经验不足造成的。

高一年级是高中数学学习的起始阶段，是为进一步学习高中数学知识和方法打好基础的阶段，是数学思维能力得以进一步迅猛发展的关键起始阶段；同时，它也是学生从初中阶段顺利衔接高中学习的一个关键时期。高一年级具备的这两个"关键性"使教育者应更加注重这个时期对学生的教育教学工作。具体而言，初高中数学知识的差异性主要表现在以下四个方面。

（1）高中数学知识、语言等更为抽象。高一学习的"集合""映射""函数及其性质"等是比较抽象的内容；高二学习的"立体几何"更为抽象，在很大程度上削弱了初中数学知识直观性的特点。初中到高中是思维从直观形象向抽象理论型过渡的阶段，表述上述数学知识的语言自然也更加抽象，再不那么形象、通俗；高一在一开始就触及了非常抽象的集合语言、逻辑运算语言、函数语言、图像语言等。

（2）高中数学知识的整体数量和密度剧增。高中数学较初中数学最明显的一个不同就是知识内容在"量"上急剧增加了，单位时间内接收的知识信息量增多了，辅助练习、消化的时间相应地减少了。常常在学习新知识的开始阶段，例题就有一定的难度，需要"以旧带新"和"横向、纵向的沟通、联系"，对学生数学能力的要求有了一个质的飞跃。于是，有些学生课上似懂，课下其实非懂，表现为做题仍然不会运用知识，思路不通畅；新知识没有完全掌握，更新的知识又接踵而来。

（3）高中数学知识具有独立性。例如，立体几何、解析几何有着相对明确的系统，代数、三角也具有相对的独立性。因此，注意它们内部的小系统和各系统之间的联系成了学习时必须花力气的着力点，否则综合运用知识的能力必然会欠缺。

（4）高中数学的思维方法向理性层次跃进。高中数学的思维方法与初中阶段有显著不同。由于初中数学知识相对比较浅显、难度不大，对学生的思维能力要求不高，教学中可以更多地为学生将各种题建立统一的思维模式，使学生习惯于这种机械的、便于操作的定式方法；而高中数学在思维形式上产生了很大的变化，数学知识、语言的抽象化对学生的思维能力提出了更高的要求，这种能力要求的突变使很多高一新生感到无所适从，故而成绩下降。

3. 高中数学思维培养的影响因素

（1）数学知识与认知结构的影响。学生学习数学知识已经这么多年了，在每个学生的大脑里肯定早已存储了大量的数学知识。当个体遇到一个问题的时候，先是会在大脑里搜索，再看是否能够找到相对应的知识点，最后用以解决碰到的数学问题或是生活上的其他问题。很显然，如果本来在个体的大脑中就没有很多数学知识的储备量，当个体接触到新问题时，就不可能对问题进行思维的整合。例如，某个人学到的知识点已经足够多了，但是他在遇到新类型的问题时还是无法解决。这是因为虽然大脑里有很多知识，可是他不能将这些现有的知识整体系统地进行综合运用，甚至有时候相互之间还分不清楚。所以只有让已有的知识形成一个整体系统的结构，才能灵活自如地运用所学。

（2）智力水平因素的影响。每个人的智力水平不同，它对学生数学思维能力的影响也是十分重大的。智力水平的高低主要体现在对知识的接受能力和对知识的运用能力上。在一堂新课的讲授中，有的学生可以及时掌握，有的学生却不能掌握，这就跟他们的接受能力有关，接受能力强的学生，从他们课后做的作业里就可以反映出来，准确率很高；而那些接受能力差的学生，做的作业题则准确率较低。如果学生的接受力强，则他们运用知识的能力也不会差。对知识的运用能力就是指学生接触新事物、新数学问题时，对大脑里存储的数学知识进行选择、联想后再用于实践。在培养学生数学思维能力和发展数学思维能力的过程中，数学知识的接受和运用是非常重要的。

（3）非智力因素的影响。非智力因素是可变的、可操控的，它既可以促进学生的数学思维能力，又能够对数学思维能力起到阻碍的作用。因为非智力的因素包括很多方面，如周围的环境、学生的心态等。例如，当学生处在一个安静舒适的环境时，他们学习的效果自然会更高；如果学生身处的环境很嘈杂、不适合学习时，就算是学生已经坐在教室，即使时间很长，学习效果也不会好。又如，一个学生的心态很好，对任何事情都持有乐观的心态和顽强的毅力，长此以往，这个学生的数学思维能力就能够相对提升；相反，持有消极心态的学生，他们的数学思维能力也不会有明显的变化。

4. 高中数学思维培养的具体方法

（1）注重情感与心理的培养，激发积极思维。

第一，营造和谐的师生关系。情感是人与人之间良好沟通的桥梁，学生喜欢某一学科往往是从喜欢这门学科的任课教师开始的。教师在对学生的学习、生活、思想全面关心照顾中，教师的外在形象气质、优雅的举止行为、广博的知识、扎实的功底、幽默风趣的语言和亲切灵动的教学方式都会让学生想要亲近教师，从而自发自愿地、饶有兴趣地进入该门学科的学习中。所以，良好的师生关系是吸引学生努力完成课程学习的助跑器和润滑剂。

第二，激发学习的兴趣。兴趣，作为一种非智力因素，是最好的老师，是最强有力的学习催化剂，天才的秘密就在于强烈的兴趣和爱好；浓厚的兴趣能有效地诱发学生学习的积极性，促使其主动地探求知识、研究规律、把握方法，从而创造性地运用知识。不过，学习兴趣也不完全是天生的，也是要在后天的环境和教育的影响中产生并发展起来的。激发学生学习数学的兴趣，是进行思维训练不可或缺的基础条件。

首先，数学史与数学教学相结合，激发学生的学习兴趣。将丰富的数学史料引入数学课堂，让学生了解数学发展的历史演变和数学家刻苦钻研概念、定理及公式的来龙去脉，使难以接受的数学内容更加人性化，激发学生对数学学习的情感，也能培养学生对数学的学习情感。

其次，学以致用，增强学生的学习兴趣。将数学知识与学生的生活实际紧密联系起来，从学生熟悉的生活情景和感兴趣的事物出发，为他们提供观察、操作、实践探索的机会，从周围熟悉的事物中学习数学和理解数学，感受数学的趣味和作用，体会到数学就在身边，结合所学的知识，学以致用，让学生体验到"成功的喜悦"，激发学生的数学学习兴趣。

再次，经常鼓励和表扬学生，保持学生的学习兴趣。成功是促使学生主动参与学习过程中的一种积极的情感体验，它是促使人们乐观向上的动力。在课堂上，教师应注意让学生尽量多发表自己的不同意见，在不违背数学客观事实的前提下，多赞扬、多肯定、多启示、多激励，除此之外，还可以在学生的作业本、考卷上写下一些鼓励和赞扬的语句，如"字体整齐干净，看你的作业赏心悦目""这次作业完成得很棒！对题的解答很有创造性"等。在日常教学中，教师要善于发现学生的"闪光点"和"微小进步"，善于挖掘学生的潜能，经常鼓励和表扬学生，这虽不是灵丹妙药，但也是行之有效的教育方法。

最后，学而知疑深思，发展学生的学习兴趣。思维来源于疑问，在教学中引导学生提出问题往往比解决问题更重要；学生在提出问题的过程中，将会极大地调动自身的积极性，变被动参与教学为主动，有利于学习兴趣的培养。课堂上让学生自己发现问题，质疑提问，既满足了学生的好奇心与求知欲，又给学生创设机会，培养自主探求、积极思考、追求真理、探求真知的良好思维品质，激发学生学习数学的兴趣。

第三，关注学生的思维发展。在教学活动中，真正让学生参与课堂的全过程：新课让学生提前预习，问题让学生去发现，方法让学生去归纳，重点让学生去探索，难点让学生去突破。即使在某个环节中出现错误，教师也应坚持激励性原则，对学生多加鼓励，不急于纠正，让其他学生一起去找寻错误的根源。在学生一起参与的过程中，体验感受、正误对比，加深了对问题的认识，提高了学习的热情。

（2）加强思维品质教学，提高学生思维能力。

第一，采用变式教学，培养思维发散性。变式是指对数学概念和问题进行不同角度、不同情形的变换，凸显概念的本质属性和清晰的外延，突出数学问题的结构规律，揭示知识的内在联系。变式练习是指把上述变式材料以书面作业的形式提供给学生，学生在完成作业的过程中，通过多角度的分析、联系、比较，把握概念的本质属性，掌握问题的恰当分类以及相应的解题方法。变式练习包括"问题变式"和"概念变式"。变式，需要我们多角度地思考问题、多途径地解决问题，是一种不断地深入探索问题的方法。组织变式训练，可以使学生的思路逐渐开阔，从而培养学生思维的发散能力。

第二，改变思维肤浅性，培养思维深刻性。学生经常满足于一知半解，对概念不求甚解，做练习时，不去领会解题方法的实质，这反映了学生在思维上的惰性。学生思维的惰性还表现在定型化的推理上，按习惯推理，不做深入思考。克服学生思维的惰性，主要是克服学生思维的表面性与绝对化，培养学生思维的深刻性，引导学生思考事物的本质，学会全面认识事物，从而达成思维的深刻性，具体有以下三种方法。

首先，通过对比教学，加深对概念的理解。很多数学概念彼此之间既有联系，又有区别。学生很容易混淆与产生错觉，不能明确概念的本质。在教学中，用对比的方法掌握它们之间的联系与区别，又在对比中鉴别它们各自的特点与本质，教师要在这方面多下功夫。从概念的内涵和外延对概念进行对比，使学生明确概念的内涵，有哪些不同和相同之处，外延之间有没有交叉，对比清楚了，学生才能对概念理解得深刻，从而才能达成思维的深刻，如正数与非负数、方根与算术根等。

其次，加深学生对数学定理、公式、法则的全面理解。在定理、公式、法则的教学中，要让学生完整地掌握它们（包括条件结论和适用范围），领会其精神实质。

最后，通过开放式教学，加深理解数学问题的本质。新课程改革给一线教师带来了全新的教学理念，教学过程更注重"沟通、理解和创新"，学习不可把知识简单机械地装进学习者的头脑中，要重视对问题进行分析、思考及归纳总结的过程，才能把知识变成自己的"学识、主见及思想"，并能应用到未来的学习和生活中。开放式教学走进数学课堂，整合传统的教学模式，实现师生双方交流、沟通，是提高学生分析、思考及解决问题能力的有效途径。数学学科的"开放"，包括数学教学内容、学生数学活动和学生与教学内容之间相互作用等几个方面的开放。具体而言，教师要尊重学生的主体地位，发挥学生的主体作用，引导学生积极主动地参与教学过程，才能促进学生探究数学本质的思维活动。

第三，克服思维呆板性，培养思维灵活性。教师在教学中，过多地或片面地强调程序化和模式化，容易造成学生只能按照模式解题，思维呆板。注入式的教学导致学生缺少应变能力。思维的灵活性主要表现在善于迅速地引起联想，建立自己的思路，同时又能根据情况的变化，善于进行自我调节，及时和比较准确地调整原有的思维过程。

首先，启发式教学，打破思维定式的消极影响。解题过程是在教师引导下师生共同参与的活动过程，学生的思维得到了充分的调动，在信息不断交流的过程中，师生的思维得到了充分的展现，并在不断反馈、不断调整的过程中优化了思维过程。

其次，灵活运用条件，提高运算的简洁性。在教学上让学生解决问题有时并不困难，困难的是让学生能够灵活运用条件达到简便、快捷地解决问题。这需要思维的灵活性，这也是思维的重要品质之一。这种灵活性突出表现在能否找到更有效、更快捷的解题方法，是否能从已知因素中挖掘出新因素，从隐蔽复杂因素中寻出问题的本质，从而巧妙地从一种解题思路转换成另一种更快捷有效的解题思路。因此，教师可以运用发现法让学生在观察中发现、在发现中思维、在思维中提问和进步。

（3）强化数学语言教学，提高思维效率。由于数学的独特性，数学需要用一定的数学语言系统来叙述论证，于是数学语言不仅在数学发展中起着重要的作用，在数学教育中也起着不可忽视的重要作用。数学语言是我们在数学教学中必用的一种语言，是体现数学思维的载体，是师生进行数学思维交流的基本工具，它严谨清晰、精练准确，通常可分为文字语言、符号语言和图形语言。

文字语言是数学知识中最基本的组成部分，它是描述数学概念、数学定理及数学证明的主要语言。例如，一个命题的条件和结论分别是另一个命题的条件的否定和结论的否定，这样的两个命题叫作互否命题，如果其中一个是原命题，另一个就是原命题的否命题；一个命题的条件和结论分别是另一个命题的结论的否定和条件的否定，这样的两个命题叫作互为逆否命题，如果其中一个是原命题，另一个就是原命题的逆否命题。

符号语言是由数学符号表达的语言，有运算符号、公式符号等，它们抽象、精确且极其简洁，便于书写、计算和推理，一个符号绝不具备双重含义，数学是抽象的，那么其载体也自然是抽象的。图形语言通常用图形来表示并伴以一定的文字说明，是数学的直观语言。很多时候，用图形语言解题更为简明快捷。

第一，重视数学符号的使用。

利用数学符号，理解数学概念。在数学知识中，命题、概念、定理等无处不在，正确理解和掌握它们是学好数学知识的基础，也是进行数学交流的必备条件。而数学符号是构成数学概念的重要组成部分，有些概念是先文字语言后数学符号，有些更抽象的概念只用数学符号。

利用数学符号，简化数学推理。数学推理与论证涵盖大量数学逻辑思维，如果只用文字表述将极其繁杂不便，而数学符号的简洁明确使其与推理有着密不可分的关系。例如，高中立体几何的证明，它的繁杂性绝不可能仅用文字叙述来证明，若用符号进行推理证明则会简化很多。

第二，强化数学语言的转化训练。思维是能力的核心，语言是思维的外显，是思维外在的表现形式。文字语言、符号语言和图形语言是数学语言的三种主要形式。同一数学问题的表述与研究过程可以用多种语言形式表达，它们各有不同，不同情况、不同问题选择不同的数学语言将达到不同的更良好的效果。文字语言习惯自然，利于含义的叙述；符号语言简洁精确，利于计算、推理；图形语言形象直观，利于问题的具体化，为数学思维提供了更直观的模型。在数学语言转换中，能使学生对数学材料或问题更加充分全面地理解，对正确理解题意、快速发现解题方法是至关重要的。

第三，营造交流合作的氛围。教学中进行师生对话，是数学课堂中最常见的教学策略。数学思维默默地在大脑中进行数学语言的有效活动，教师需要引导学生将其内部思维变为外部语言的方法便是与其进行有效的数学交流，利用这种师生外部语言的数学交流，便可对之前内部的思维活动进行加工、整理，以此表述巩固思维结果。数学交流还可以发展和深化学生对数学问题的理解。学生在用数学语言表述、解释、推理的数学过程中，是对其内部思维活动的一种简洁、清晰、明了的状态，有助于学生理解和解决问题；同时，交流又使学生相互借鉴，保持对数学问题的敏锐意识，养成质疑的良好习惯，激发乐于探究的意识，发展提高数学能力；另外，这种交流有助于提高学生交流、沟通、交往的能力。

（4）重视数学思想与方法教学，挖掘学生思维潜能。重视数学思想方法的教学是促进学生思维能力发展，使其形成良好的思维品质的素质教育的重要内容。

第一，重视知识发生教学，加强思想方法培养。知识的发生和应用整理是数学教学过程的两个主要阶段。知识的发生是建立新旧知识内在联系，获得新知识的过程，它包括概念的形成与理解、结论的猜想与论证、数学思想方法的探求等。知识的应用是已有知识和方法在应用中进一步理解和巩固的过程。

数学思维能力在形成理性思维中发挥着独特的作用。教学中应强调对基本概念和基本思想的理解和掌握，对一些核心概念和基本思想（如函数、空间观念、运算、数形结合、向量、导数、统计、随机观念、算法等）要贯穿高中数学教学的始终，帮助学生逐步加深理解。由于数学高度抽象的特点，应注重体现基本概念的来龙去脉。在教学中要引导学生经历从具体实例抽象出数学概念的过程，在初步运用中逐步理解概念的本质。

对于规律（如定理、公式、法则等），也要重视其发生过程的教学。教师也应当善于引导学生通过感性的直观背景材料或已有的知识发现规律，不过早地下结论，弄清抽象、概括或证明的过程，充分地向学生展现自己是怎样思考的，使学生领悟蕴含其中的思想方法。

总而言之，在课堂教学过程的每一个环节都要有意识地引导，抓住传播数学思想方法的每一个机会，如此训练和培养久而久之，学生才能逐渐步入实现数学思想与方法的自由。

第二，做好整理总结，进行思想方法的概括与提炼。数学思想方法以数学知识为载体，分布比较分散，这种教学形式不仅有利于数学思想方法的学习与巩固，也符合学生对数学思想方法的认知规律，学生在潜移默化、耳濡目染中逐步感受、领悟和掌握数学思想方法。但由于同一数学问题可以涵盖很多不同的数学思想方法，同一数学思想方法分布在不同的数学问题中，经常进行总结，以集中的方式纵横两面复习，对掌握数学思想方法也是十分必要的。

例如，高中立体几何中"点、直线、平面之间的位置关系"是高中数学知识的难点内容，它除了要求学生具备良好的空间想象能力，还要有较好地解决平面几何问题的能力，才能顺利地完成从平面图形到空间图形的转化，由此才能深入了解此章的各种空间公理、定义、定理并予以进行几何证明。学生在初期学习空间相关定理时，理解掌握的情况还可以，但到应用定理证明计算一些具体立体几何题目时，就会显得有些困难，不能在具体稍复杂的空间环境中寻找出几个相关的基本定理的模式或者是对基本定理还是混淆不清造成的；此时，教师应善于及时对最初的基本原理进行再梳理、再总结、再概括、再提炼，以促使学生对所学知识有更深一层的领悟，自然在解决问题时思维也会更清晰，方法也会更得当。

第三，加强解题教学，突出思想方法的指导与统摄。加强解题教学，不是为了解题而解题，而是通过解题反思总结归纳解题方法，提炼升华到数学思想的高度；同时在解题活动中，不断巩固数学思想方法，以此更好地发现解题途径。

首先，引导学生在解题中运用数学思想方法。在解题教学中，教师要善于通过选择典型例题进行解题示范，不能就题论题，而是要就题论理，这个理就是数学思想方法。要从数学思想方法的角度来指导解题教学，为学生作出示范，逐渐培养学生学会用数学思想方法去观察、分析、比较、分类、综合、抽象、概括问题的习惯。还要指导学生运用数学思想方法分析解题思路，把握解题方向，抓住解题本质，学会思考的方法。

其次，引导学生在解题反思中领悟数学思想方法。反思是解题活动不可或缺的重要环节。针对某一数学问题，没有任何一种解题方法是完美无缺的，总有它的缺憾之处，师生不要有所遗漏，而要对其充分地再钻研、再探讨，不仅能优化解题过程，还能深刻自我的思维活动，总结更为丰富的解题经验。例如，在引导学生自觉检查自己的思维活动，反思自己的思维策略运用了哪些基本的思想方法时，如果解题错误，一定要反思错误原因，只有这样才能对数学思想方法有更深刻的认识。

最后，在解题活动中要突出数学思想方法对解题的统摄和指导作用。对于今后可能碰到的一些复杂性、综合性或是生疏题目时会有很大作用，因为题目是千变万化的，方法却是高度概括精练过的，相信一定有一种或是几种思想方法对解决该类问题提供突破口，由此打开问题的解决途径。加强对解题的指导和训练是数学思想方法教学的又一个重要方面。

5. 高中数学思维培养的多维体现

（1）高中数学思维品质培养。

第一，教师要系统教授学生数学思维品质理论。首先，教师应系统地教授学生有关数学思维品质的理论知识，如思维的定义、特征与分类；数学思维的概念、特性与一般方法；数学思维品质的特点等。其次，教师应帮助学生分析数学思维品质在数学学习过程中的重要性，诱发学生自主提高自身数学思维品质的意愿，教授学生一些简单的提高数学思维品质的方法，引导学生走上自主培养与提高数学思维品质的道路。最后，在数学教学过程中，教师应采取带领学生多加运用数学思维的一般方法等措施，加强对学生数学思维品质的重视与培养，并促进学生对数学思维的学习与体会。

第二，教师要通过职业示范在无形中陶冶学生。教师职业的示范性是指教师在数学教学过程中表现出的言行举止、人品才能等，都会成为学生学习效仿的对象与楷模。所以教师在数学教学过程中，应以自身优异的数学思维品质为榜样，在无形中陶冶学生，进而提高学生的数学思维品质。例如，教师在读题与解题时，严谨地罗列已知，工整地书写解题过程，体现教师数学思维的严谨性；教师加深对题目的解读，在演算纸上罗列解决问题所需的公式，并推演所需的变形公式，体现教师数学思维的深刻性；教师对某些数学题提出独特的解题思路或方法，体现教师数学思维的独创性；教师对某数学题给出多种解题办法，体现教师数学思维的广阔性等。

第三，教师要培养学生良好的读题习惯和解题习惯。在平时的数学教学过程中，我们常常会发现有些学生的计算功底并不差，但成绩总是上不去，而且平时课堂上会解答的题目，考试时却会出错。追根溯源，造成这一切的原因是学生的读题习惯和解题习惯的缺失，甚至是学生数学思维品质的缺失。要想提高学生的数学成绩，就必须培养学生良好的读题习惯和解题习惯，使其具有较高的数学思维品质。

为了培养学生良好的读题习惯和解题习惯，进而提高学生的数学思维品质，首先教师应系统地教授学生读题的要领，具体包括三个方面：一是把握读题的语调和节奏。读题时要求学生保持合适的语速，忌故意慢腔慢调，教师要让学生明白读题的目的不是让别人听到自己在读，因此也不能高喊而不加思考。二是抓重点词句精读。在数学题中，一般都有一些关键词句，如"选出正确（错误）答案""相交""平行""增大（减小）""比……多""不为零""大于"等。教师应该有意识地引导学生抓住这些关键词句，在读题时把语调适当加重一些以示提醒，并且可以让学生边读边用笔把一些关键词画上横线或圈起来。三是罗列已知。当解决数学大题时，学生不仅要边读边用笔把一些关键词画上横线或圈起来，而且在时间充裕的时候还应该罗列出已知，因为数学大题的已知可能很多，用笔把一些关键词画上横线或圈起来会更乱，引用已知时更容易出错。

另外，教师应严格要求学生认真书写解题步骤，具体包括两个方面：第一，答题时要注意解、设、问、答。教师应要求学生认真书写解题步骤，解、设、问、答都要写，不要遗漏任何一项。第二，答题时要有逻辑性。教师应要求学生答题时标清序号，哪道题的哪一问要标清，要使答题有逻辑性，这样就不会有漏答或答错位置的问题了。

第四，教师要训练学生对题目的深层次解读。在日常的数学教学过程中，我们经常发现有些学生的数学成绩总是不好，并不是因为数学公式与定理不会，而是因为学生读不懂题，发现不了题目中的隐藏条件，进而不知道怎样运用或运用哪些已学的数学公式与定理；或解决数学问题时思路狭窄，考虑问题的角度与层次单一，解题方法死板，无法超脱出习惯处理方法；或在解决数学问题时思维呆板，只会运用教师课堂所教的基本方法，而不能根据题目条件采用更简便的方法缩短运算环节或推理过程，"直接"得出结果。究其根本原因是学生对题目的解读不够深。要想提高这类学生的数学成绩，就必须训练学生对题目的深层次解读，增强学生的数学思维能力。

首先，培养学生分清题目实质的能力，使学生能够透过复杂的题目关系洞察所要考的数学公式与定理，或题目中的隐藏条件，进而增强学生数学思维的深刻性；其次，激发学生的发散思维，使学生能够打开思路，发散地进行思考，发现事物之间多方面的联系，找出更多的解决问题的方法，进而增强学生数学思维的广阔性；再次，训练学生的思维迁移能力，使学生在做过某一题后，能够根据新的要求迅速灵巧地转变解题方向，进而增强学生数学思维的灵活性；最后，鼓励学生大胆使用直觉思维，使学生在做题过程中能够缩短运算环节和推理过程，"直接"得出结果，进而增强学生数学思维的敏捷性。

第五，教师要激发学生的求知欲与好奇心。求知欲与好奇心是学生学习最好的老师也是最大的动力，而激发学生的求知欲与好奇心，有利于全方位地提高学生的数学思维品质。首先，激发学生的求知欲与好奇心，有利于培养学生思维的流畅性、变通性和独特性，进而提高学生数学思维的广阔性与灵活性；其次，激发学生的求知欲与好奇心，有利于开发学生的想象力，捕捉灵感，进而提高学生数学思维的独创性；最后，激发学生的求知欲与好奇心，有利于锻炼学生的逻辑思维与直觉思维，进而提高学生数学思维的敏捷性。在数学教学过程中，教师一般采用一题多解、创设适宜情境、让学生自主探究等方法来激发学生的求知欲和好奇心。

第六，教师要帮助学生养成良好的自我监控能力。自我监控能力是指学生为了达到某种预期的目标或目的，反复不断、积极自觉地对自己正在做的数学学习活动，进行计划、监督、检查、评价、反馈与调节的能力，并且学生自我监督能力的强弱是评价学生的数学思维品质高低的重要标准。为了使学生的数学思维品质得到全面的发展，教师应在数学教学过程中积极地培养与提高学生的自我监督能力。

教师可以通过培养学生自我检查的意识与技能，促进学生自我监督能力的养成，进而发展学生的数学思维品质。例如，教师可以选择一些易错的习题，找几个学生在黑板上做，然后在讲解正确答案前，先带领学生分析这几个学生答题的思路、答题的误区与可能造成错误结果的各种原因，让学生们引以为戒，进而提高学生的自我监督能力；教师也可以通过设置陷阱、混淆视听等方法，帮助学生改正审题不严谨、粗心大意等恶习，从而提高学生的自我监督能力；教师更应该在学生做习题练习时，严格要求学生寻求解题的最优途径，培养学生的自我监督能力。

（2）高中数学抽象思维培养。

第一，制定利于数学抽象思维发展的教学目标。教师制定教学目标，要树立发展学生数学抽象素养的意识。学生的数学抽象素养是在日常的数学学习过程中逐渐形成的，其发展具有连续性和阶段性，所以教学目标要有阶段性目标和每堂课的教学目标。将阶段总目标分解细化成为具体、可操作的每节课的教学目标，注重教学过程性目标的达成，促进学生学习的稳步进阶，最终实现阶段教学的总目标。同时，我们也要认识到数学学科的每一个核心素养并不是孤立存在的，而是一个相互联系的整体。在培养数学抽象素养的同时也会涉及其他的核心素养。

教学目标的设置可以从四个方面入手：一是促进学生数学核心素养的提升，关注学生从情境中抽象得到数学问题的能力的培养；二是在学习过程中，感悟数学知识之间的相互联系，将所学的知识形成知识体系；三是设置课堂的学生活动，以促进学生基本活动经验的积累；四是设置交流与反思的环节，给学生留有感悟数学基本思想的空间。以函数性质教学为例，设置目标要考虑函数性质与函数概念相结合，注重知识的系统性和完整性。培养学生在各种情境中发现、提出函数性质的问题的能力，在课堂活动的过程中发现函数性质，交流反思感悟函数思想。教师设置教学目标要从传统的注重数学知识的理解和运用转换为重视学生个体能力和习惯的培养，在制定教学目标时，教师要结合教学内容，思考如何将数学抽象素养的培养融入教学内容、教学过程中，通过教学内容和教学过程来承载数学抽象素养的培养。

第二，创设利于数学抽象素养发展的教学情境。创设问题情境不仅为让学生顺利接受新的知识，更重要的是通过创设有效的问题情境能够将课堂所学数学知识与现实生活建立联系，拓展学生的认知领域，将学生带入具有真情实感的生活化、社会化、科学化的氛围。创设与学生的智力和知识水平相适应的、与社会文化背景相联系的情境，有利于调动学生的学习兴趣，培养学生的数学抽象素养。在情境作用下，生动直观的形象能有效地激发学生的联想，唤起学生对原有认知结构中的相关知识、经验，从而使学生利用有关知识与经验同化或顺应当前的新知识，达到对新知识的构建。因此，设置恰当的情境能够引发学生探究结论的兴趣，发展学生的数学抽象素养。

数学情境和问题要结合具体的教学任务进行设计。数学情境和问题是多样化的，可以从学生熟悉的生活情境出发设计数学问题，不仅可以把抽象的知识具体化，激发学生的求知欲望，有利于学生对知识点的理解和掌握，同时还可以打破学生固有的思维定式，让学生真正体验数学与生活的关系，增强学以致用的意识，提高解决实际问题的能力。教师还可以考虑学生已掌握的内容，掌握到何种程度，然后再根据数学教学内容的难易程度来提出问题，使学生原有的认知结构与新的数学知识同化或顺应。教师还可以设计情境，让学生了解数学知识的实际发现过程，体验数学家探索和发现数学知识的过程和方法，实现对数学知识的再发现。教师还可以从其他学科中挖掘资源来创设问题情境，不仅让学生切实体会数学思想无处不在，提高学生学习的兴趣和分析、解决问题的能力，培养学生的科学素养和人文素养，还能有效加强学科间的联系与综合，体现数学的应用价值和工具性。通过恰当的情境与问题的设置，使学生理解数学的本质，促进学生数学抽象素养的发展。

第三，以知识系统性促进数学抽象素养持续发展。数学知识与技能在数学抽象素养培养中有着重要的地位和作用。数学知识是数学素养的载体，很多数量的计算与表达，包括一些图表、语言和图形描述的信息的抽象过程都需要相应的数学知识。分析这些数量和图形所表达的含义以及数学抽象的能力，要比纯粹教给学生怎么解题更加重要。根据学生的认知水平和数学知识的抽象度，每个数学知识与其他数学知识之间都有着递进的抽象关系，数学知识都不是独立的，相互之间有着逻辑关系。教师在实际教学中，要充分认识到数学知识的联系性和系统性，加强数学知识间联系的教学。新知识的传授要在原有认知结构的基础上，通过同化或顺应来获得，并对学生学习新知识过程密切关注和适当调节。

在巩固新知识的习题类型选择上力求多样化，通过各种不同的呈现形式，要让学生体会到要多角度地看待问题，看问题的本质。只有这样，学生在面临复杂的实际问题时，才能做到从整体上考虑，对抽象所得的数学问题进行合理推断，真正做到学以致用。整体把握数学课程内容，有利于数学抽象素养水平的提高。

第四，通过感悟方法促进数学抽象素养的养成。数学思想方法是在认识数学知识的过程中提炼上升的数学观点，它具有更一般的指导意义，是数学的灵魂。数学抽象是数学的基本思想之一，因此引导学生领悟和掌握以数学知识为载体的数学思想方法，从而在生活和科学情境中拥有选择和运用数学方法解决问题的数学素养，真正懂得数学的价值，建立科学的数学观念，促进数学抽象素养的养成。

教师挖掘数学知识中体现的数学思想方法，有计划、有步骤地选择恰当的方法，使学生体会和掌握数学思想方法。例如，数学概念的教学过程可分为知识发生和应用两个阶段。对于新知识的学习过程也就是其思想方法发生的过程，教师不应直接给出定义，而应该通过现实生活中简单而直观的实例或学生通过亲身操作体验得到定义。在获得定义的体验过程后，从具体问题及其解决过程得出具有一般性的解决方法和思想，这一过程也是数学抽象素养培养的过程。解决数学问题的过程就是命题不断变化和数学思想方法反复运用的过程，教师应充分利用学生解决数学问题的过程，深化数学思想方法，这样学生才能在其他情境中创造性地运用数学方法解决问题，这也是数学抽象素养水平提升的表现。总结与复习是揭示知识之间的内在联系以及归纳、提炼知识中蕴含的数学思想方法的过程，是数学思想方法系统化的形成过程，使学生感悟数学学科是高度概括、有序多级的知识体系。

第五，基于数学抽象活动过程培养数学抽象素养。数学抽象过程就是经历一次完整的发现问题的过程，数学抽象活动可以发展和培养学生的抽象素养。在课堂学习的过程中，让学生经历一个完整的数学问题发现过程是十分有必要的，学生通过发现问题的活动，就能逐渐理解怎样用数学的眼光看待事物，学会舍弃表面，看到问题的本质，从而培养对待新生事物能够透过表面现象研究本质的素养。另外，学生进行一次抽象的过程，能对所学的数学知识和技能有更加深入的认识。正是在解决实际问题的过程中，才能逐渐把知识转化为能力，而拥有扎实牢靠的知识基础是学生能解答情境中抽象数学问题的保证。

第六，丰富课堂的教学方式培养数学抽象素养。教师课堂教学的最终目的就是使学生学会学习，发展数学素养。因此，数学课堂教学的方式不应仅局限于讲授与练习，教师应该探索多样化的课堂教学方式。

首先，阅读自学的教学方式可以为学生提供个性化的学习空间，并且阅读过程是提高学生数学语言水平的有效方法。阅读自学有利于培养学生的数学抽象素养，在教学中重视学生独立思考的过程。学生独立思考的过程中，教师应加以引导，让学生通过独立思考来解决所遇到的问题，积累独立思考的经验，培养数学抽象素养。

其次，动手实践的教学方式能使学生的主动性和主体性得到发挥，学生自己经历知识的发生过程，增强学习兴趣。在动手实践的过程中，学生将活动经验抽象成数学问题，使学生的数学抽象素养得以发展。

最后，自主探索的学习方式是数学课堂充分体现以人为本的教学理念，把学习的主动权交给学生，使学生能够积极有效地参与课堂活动，主动地获取知识，最终使数学素养水平得到提升。

总而言之，数学抽象素养的培养是多种因素交互作用的过程。在实际教学中，教师在讲授数学知识和技能的同时，也应把多种有效的方式和途径应用于数学课堂教学中，促使学生把学到的数学知识内化为自身思考和看待问题的习惯，形成适应今后社会生活需要的数学素养。

（3）高中数学逻辑思维培养。因为学生在数学元认知知识和数学元认知策略方面较为薄弱，所以缺少对学习任务的明确认识和对学习活动的整体评价与反思。而产生这种差异的原因，与教师平时的教学内容训练和学生课下的自主学习方法有很大关系，通过分析对比，我们可以从中找到提高学生数学元认知的教学策略，采用这些教学策略，既可以提高数学元认知水平，也能够有效提高逻辑思维能力，这是我们今后在教学中可以尝试的一种新的途径。

第一，明确任务目标并提供认知思维导向。教师在进行教学活动之前，都会对整章与整节的教学目标有一个明确的把握，再以此来拟定具体教学目标，开展教学活动，但是教师往往在教学过程中忽视了学生的学习过程也需要有认知导向。很多教师在讲授新内容之前并没有告诉学生这节课的主要学习内容和需要学习掌握的知识，这导致学生在学习过程中思维活动分散，没有一个明确的认知主题，不能有效地进行思维活动，从而在课堂上不能抓住重点。如果学生在学习过程中经常是无目标地学习，必然会导致自己在解决问题的过程中缺乏方向，没有一个明确的思维导向和目标，加大了学生解决问题的难度。如果教师在每一章或每一节开始之前，能够向学生阐明本章或本节的学习目标，和在学习任务完成后应该达到的水平，一方面，有助于学生为后面的学习做好心理准备，调整学习状态，能够调动学习的主动性和积极性，为后面的学习提供动力，帮助学习目标顺利实现；另一方面，能够在后面的学习过程中随时调整自己的认知活动方向，调整偏离正常轨道的思维活动，保证认知活动方向的正确性，为学生能够达到目标提供保障。

在具体的教学活动中，教师要提高学生对任务这一方面的元认知。首先，在平时的学习生活中潜移默化地提供给学生这样的认知方式，在教学活动的开始，就应该把本堂课主要学习的内容和需要学生掌握的知识让学生有所了解，这样可以使学生在学习过程中有目标地学习和解决问题。其次，在教学过程中，强调每一个教学步骤与任务之间的联系，加强学生对自己思维活动的控制，使自己的学习活动能够朝着正确的目标前进。最后，在学习结束时，让学生回顾为了学习这些知识或解决这些问题都进行了哪些过程，为了解决问题做了哪些准备，再次明确目标与思维活动的联系。

在学习过程中培养学生对目标的认知，提供思维导向，能够提高学生的数学元认知水平，有效地引导学生进行正确的思维活动，这是我们数学有效的学习活动中必不可少的一个环节。

第二，增强数学训练并形成良好学习方法。数学思想和方法与数学元认知策略有着密切联系，元认知策略下的次级因素包括计划、调控、评价和反思，而掌握数学思想和方法是元认知进行监控的基础。一方面，只有明确数学的思想与方法，才能够在思维活动中选择对解决问题更有效的一种思维方法模式；另一方面，学生对数学思维方法的良好掌握，能够对思维活动中出现的不正确的思维方向进行纠正，以使思维活动按正确的方向进行。

并且，数学的学习不只是数学课本内容的学习，也是数学思维和方法的学习。我们所进行的数学学习应该有两根线串联着：一是数学基础知识，是纵向主线，联系着我们学习的各种知识；二是数学思想和方法，是横向主线，贯穿整个数学的学习活动。如何提高学生学习的效率以及如何运用自己学习的知识获得更加广博的知识，并且有效地解决问题，这就需要教师在平时课堂教学过程中对学生进行训练，在数学教学过程中渗透数学思想和方法。如果只是一味地传授给学生知识，那会导致学生只会进行识记，而不会学以致用。学生学习的大脑不应该只是储藏知识的仓库，而更应该是一个加工厂，学生通过对已经掌握的知识进行一系列思维活动的加工，从而生产出更多的知识，解决更多的问题，这才是我们的教学目标。

在具体教学过程中加强数学思想和方法的训练，一方面，需要教师对整个教学内容有一个清晰的把握，明确当前教学中所要掌握的相关数学方法，然后通过教学设计，把各种数学思想和方法渗透到教学活动中，提炼数学方法的精髓，让学生自然而然地在学习的过程中了解这些数学方法；另一方面，教师应该给予适当的针对性例题讲解和练习，学生通过学习，能够运用观察分析、比较分类和抽象概括等方法，总结数学思想，在认知活动中明确使用数学思想方法，提高数学元认知策略。

第三，加强思维训练与评价培养监控意识。我们在解决问题的过程中，先要分析整个任务要达到的目标，然后根据目标拟订具体的解决计划，再根据自己已有的资源和条件，进行问题的解决，直到最后解决问题。整个解决问题的过程，各环节是环环相扣的，可以发现正确的思维目标和思维方向是解决整个问题的关键。对学生进行思维训练，让学生每次都进行思维评价，体验问题解决过程中从"不定"到"定"的过程，一方面，可以提高学生对自己思维活动的敏感性，也就是能够增加元认知体验；另一方面，可加强元认知策略中的监控能力和评价能力。因为在具体的思维活动中，总会有几个方向选择，不可能每一次都能立即找到对的方向，需要尝试试错和修改。

有良好思维训练的人，一般能够对思维活动中的细微偏差有明确感知而进行及时纠正，这就与数学元认知中的监控和评价联系在了一起。在教学过程中加强思维训练，能够提高学生数学元认知中监控和评价这一部分，这也正是学生元认知的薄弱之处，所以教师在教学活动中，有目的地进行思维训练和培养学生对自己思维活动的监控意识是提高数学元认知的有效途径。

加强学生思维训练的一个有效途径是出声训练，让学生把每个问题的解决过程即思维过程复述出来，而不是默想，在整个复述的过程中，一方面，学生对自己的思维过程会更加敏感，而且更能够注意到自己思维的偏差之处，现实中也有很多学生对于自己做错的题目不能发现自己思维错误的节点，但是在对其他人复述的过程中就很容易找到自己的错误之处，而进行及时修改；另一方面，出声训练有助于学生整理自己的思维过程，使整个思维过程更加完整，能够更加完善自己的思维活动，从而使思维更加清晰。所以教师在教学过程中可以通过对学生进行出声训练来提高学生的思维能力，从而提高数学元认知水平。

第四，积极开展反思作业并学会评价学习。我们传统的教学是课堂进行数学知识的学习，课后进行相关的练习题，以达到巩固知识和提高的作用，较少会让学生进行反思性学习，而学生也基本不会自觉地进行反思性学习来评价自己的学习和认知活动，这是教学活动中最容易忽视而最不应该忽视的地方，反思性学习是学习活动有效进行的基础。只有在学习过程中经常开展反思性学习，才能够使学生发现自身学习的不足和有待提高的地方，从而在以后的学习过程中对不足之处进行注意和提高。反思性学习并不是单纯地对错题进行修改，而是从多方面入手，如反思自己今天的学习状态、知识的掌握程度、错题的原因分析等，分析自己在今天的学习活动中不足的地方，提醒自己在以后的学习中尽量避免。现实生活中可以观察到很多学生都有错题本，但是大多数都只是对题目进行改正，并没有标明自己错误的原因，缺少相应的分析，这样的反思学习是不彻底的。

有效的反思性学习，包括三个方面：一是要对每天所学习的内容进行回顾和整理，了解自己学习的程度和有疑问的地方进行补充学习；二是要对前段时间的错题进行修改和分析，分析错误原因以及提出有效避免同类错误的措施；三是要对自己的学习状态进行反思，在今天的学习过程中自己的状态是否正常，在不正常的时候是否进行了有效调整，保持学习的正常进行。教师在教学活动中可以让学生准备一个反思作业本，每天让学生对自己的反思情况进行简单的总结，然后每过一段时间让学生自己对照先前的反思日记，自我评价是否在认知活动中纠正了相关方面的问题，在不足之处再标上记号，重点关注。

进行反思性学习是评价的基础，如果在认知过程中没有反思，那么评价无从谈起。只有在反思性学习过程中，我们才能够对学习进行有效评价，所以经常性地开展反思性学习，能够提高数学元认知中对认知的评价方面，这也能够促进学生在思维活动过程中的评价分析，及时评价与纠正，使整个思维活动沿着正确的方向进行。当然，除此之外还有一些提高数学元认知的方法，如增加学生的元认知体验等，但是每一种方法的运用都要跟当前学习的知识和学生的能力水平相一致，只有进行适当的提高学生数学元认知的教学活动，才能够有效促进其发展，才能够真正地发挥作用。

二、高中数学教学方法选择

(一) 根据年龄特征选择

高中学生年龄一般在 16~18 岁, 这时学生身体各器官基本发育成熟, 大脑机能基本达到成人水平, 学习潜力增长, 注意力比较集中, 自我控制能力增强, 基本上能把逻辑思想和直观形象结合起来, 逻辑思维也基本形成。此阶段的教学方法的选择应激发学生思维的积极性, 可有计划不断地采取 "自学法" "读启法" 等一些教学法。需要注意的是, 在教学中使用一种教学方法, 会使学生产生 "惰" 性。同时, 课堂气氛显得单调, 不利于提高教学效果, 也不利于学生的个性发展。因此, 教学方法尽可能交替运用, 这样可有助于学生注意力集中以及保持对学习的浓厚兴趣。

(二) 根据教材内容选择

"每节课、每章教材内容不同, 选用的教学方法也不可千篇一律, 而应该根据教学的具体内容作相应的调整。"[1] 例如, 高二代数中对等差数列和等比数列这两个重要概念的教学, 由于它们几乎没有多少道理可讲, 因此, 这样的课采用 "直接讲授法", 学生对概念的印象比较深刻且容易记忆, 采用其他方法反而不太合适。

教材中能够运用教具的地方要充分利用, 这样既可加强教学的直观性, 又可激发学生的思维, 同时, 有利于集中学生的注意力。例如, 在高一立体几何中学习地球的经度概念时, 先进行教具演示, 学生会发现, 地球上某点的经度就是经过该点的经线与地轴确定的半平面与本初子午线与地轴确定的半平面所成二面角的度数。这里, 如果不借助教具, 学生就很难理解经度这个概念。

教材中有的例题课可采用 "演示法" "启发法" 和 "讲练结合法"; 有的概念、公式或定理课可采用 "自学法"; 有的习题课可采用 "提问法" 或 "剖析发现法", 引导学生逐步探索或剖析发现解决问题的方法, 从而达到解决问题的目的; 复习课可采用 "自学法" 或 "归纳法"。这样, 有利于学生了解教材内容的系统性和知识的框架结构, 同时, 培养学生的归纳综合能力等。

(三) 根据学生基础选择

由于教学是师生的共同活动, 因此, 教学方法的选择直接影响着教学效果的好坏, 最

---

[1]单凤美. 高中数学教学方法研究与实践 [M]. 天津: 天津科学技术出版社, 2018: 20.

优教学方法的选择就尤为重要。而教学方法是否最佳也是相对学生基础而言的，它应根据学生的实际水平而加以综合运用。教师在选择教法时，必须十分注意学生的基础，若学生学习基础很差，而运用"自学法"或"练习法"是不合适的，而学生学习基础较好，采用"直接讲授法"反而会限制学生能力的提高。原则上，在学习基础较差的班级里，要多采用"座谈法""启发法"，这在一定程度上会减轻学生的学习负担，同时减轻或消除学生对学习的厌恶感，有利于激发学生的学习兴趣。而在学生基础较好的班级里，可多采用"自学法""暗示教学法""引导发现法"等，这些方法会起到事半功倍的教学效果，同时更有利于学生创造性思维能力的提高。

教学中，很多时候都需要把教学内容和学生的实际结合起来，恰当地选择教学方法。例如，当某教材内容与学生已掌握的旧知识内容类似时，可选用"类比教学法"，高中教学中的复数加减法的几何意义就可类比物理学中的矢量关系进行类比教学。当教学内容与学生已经掌握的内容基本道理或理解步骤大致一样，但又有个别关键性的地方不一样时，可采用"对比教学法"。例如，在高一立体几何中常常用到同一法和反证法进行对比教学，这样学生就更容易理解两种方法的异同点。

"教有常规，但无定法"，教师在选择教法时，要充分考虑如何更好地把教师的主导作用和学生的主体作用有机地结合起来和发挥好。同时，各种教学方法虽各有特点和用途，但它们又是互相联系、互相补充、相辅相成的。因此，教师在教学中，应根据教材内容特点和教学任务及学生的知识水平，对教学方法进行精心选择或巧妙搭配，紧紧围绕提高教学质量的总目标，努力做到多种教学方法的最优结合，丰富教学研究成果，为培养一代新人多做贡献。

第四节　大数据为高中数学教学带来的机遇

在大数据视域下，教育领域发生全面调整，教育工作者在运用大数据技术的同时，更加注重知识信息的挖掘、双向传递、实时反馈与多元交互，尤其是在高中数学教学中，数学知识具有抽象、笼统的特点，因此，大数据在数学教学中拥有广阔的应用前景。对此，高中数学教师要把握好大数据时代带来的机遇，提升自身信息化教学设计水平，以期在大数据的助力下强化数学教学实效。

一、数据信息为教学研究提供了支持

大数据视域下，教师可以整合各个教学环节所产生的信息，包括但不限于学生的学习信息、数学信息、课堂检测信息、课后作业信息、数学考试信息、高考真题信息等。教师利用数据挖掘手段，对上述信息进行整合、分析与处理，分门别类地统计其中包含的数据，挖掘数据背后隐藏的教学重难点、学生的学习需求、有效的教学方法等，有利于精准研判教学成效、学习成效，为改进数学教学方法、调整数学教学模式提供了依据。

二、数据平台为教学的开展提供助力

"大数据视域下，教师可以从数据平台上调取海量、优质的数学资源，将知识点串联在一起。"① 这不仅可以助力数学教学的开展，而且可以促进数学知识的系统化，帮助学生形成完善的数学认知体系，提升学生的学习成效，强化数学教学的实效性。与此同时，教师可以依托数据平台，统一管理所有的教学环节，整合学生自主学习、探究的过程。

三、信息资源为环境的优化提供契机

大数据为各类教学资源的呈现提供了新的契机，教师可以在课前依托数据平台向学生发送预习资源，引导学生自主学习、感悟新知识、克服理论知识的障碍，在自主预习中提高学习能力、思维能力。

---

①沈慧彬. 刍议大数据视域下的高中数学教学方法 ［J］. 新课程研究，2022（30）：107.

第二章　大数据视域下高中数学学习环境创设

第一节　高中数学教学环境中错题资源的开发

在高中数学的学习过程中，学生无论成绩好坏，都会出现"做错题"的情况。不同的人对待错题的方式不同，产生的效果会存在差异。高中数学教学中的错题资源能够帮助教师掌握学生的学习情况，分析错误原因，能够引导学生进行纠正，避免重复犯错，从而提升学习效率及学习水平。因此，进一步明确开发错题资源的意义，探索出更有效的错题资源开发策略是十分有必要的。

一、高中数学教学环境中错题资源开发的意义

（一）错题资源反映学生的知识掌握情况

在高中数学的教学过程中，教师的教学方式对学生的影响较大，所以，在教学过程中，教师应该采用有效的方式，帮助同学理解相关知识，让学生通过对错题进行修正，更好地了解相应的知识，使错题反过来可为学生带来帮助。同时，高中教师还要锻炼学生的思维转换方式。在学习的过程中，同学们在理解上面可能会存在较大的差距，教师应该适当地尝试其他方式，帮助同学对错题进行有效理解，并且能正视错题资源。在学生做题出错的时候，教师应该带领学生分析原因。因此，在进行高中数学教学中，教师要不怕错题，一定要指导学生通过错题，了解自己知识掌握的情况，并且能够更好地避免今后再次出现错误，这是错题资源有意义的形式，也是避免今后数学学习受影响的重要模式。这些错误的解题过程能够帮助教师及时了解学生的知识掌握情况，以便对症下药，更好地帮助学生解决问题。

（二）错题资源能够反映学生的数学水平

学生的数学成绩，往往和学生的数学学习能力有关。每个人都有其擅长和不擅长的科目。有些学生天生就对数字敏感，数学学习能力较强，而有的学生比较擅长文科类知识，

学习数学需要付出更多的努力，因此，在进行数学教学时，教师要根据学生学习能力的差异性因材施教。错题资源能够向教师反馈学生的数学能力水平，帮助教师找出学生的弱项，以便教师进行有针对性的教学，从而更好地帮助学生提升数学综合素质水平。在进行错题资源的分析时，教师要不断地形成良好的教育模式，并且指导学生在解决错题的时候要用心，因为错题就是反馈学生学习薄弱环节的有效证据，也是学生知识掌握不透彻的重要依据，因此，在当前的高中数学教学中，教师要不断地对学生的错题进行分析与评价，并且和学生进行一对一的交流。教师只有因材施教，才能更好地促进学生在自身的基础上发展能力，在有效的条件下提升动力，为学生的发展和进步创造更多有效的条件。

（三）错题资源能够反映学生的思维误区

高中数学中出现的公式都较为复杂，学生需要充分调动自己的思维，将各知识点联系起来，举一反三。只有这样，他们才能成功地解决数学问题。例如，数学中的大多问题都是正向思维，如果某道题突然出现逆向思维，就会难倒很多同学，导致错题出现。这就说明很多同学的数学思维不够活跃，他们不能灵活深入地思考问题，存在定向思维误区。因此，教师在进行错题整理的时候，一定要避免学生出现思维误区，在进行数学题目的解答时，要让学生学会举一反三。这样，他们才能真正地面对今后的数学难题，在更多的难题上形成自身的学习意识。

二、高中数学教学环境中错题资源开发的过程

（一）错题资源收集与整理

教师在进行数学教学时，除了完成课堂授课内容外，还应将学生练习过程中出现的错题进行收集、整理，"例如，批改作业时认真记录学生的错题情况，或是用手机拍下学生错误的解题过程，以便后期进行分析利用"[①]。错题是学生给教师的反馈，能让教师清楚了解到学生的薄弱项，从而有针对性地帮助学生进行提升。

（二）错题资源的中期利用

教师在完成一定程度的错题资源收集整理后，要对整合的错题资源进行全面的分析、归纳、总结。例如，关于三角函数的相关错题中，教师可以将其分为公式掌握类、方法选用类、细节问题类、知识迁移类等。

---

①闫立军．高中数学教学中有效开发错题资源的意义探讨［J］．数学学习与研究，2022（14）：59.

（三）错题资源评价与调整

除了对错题资源进行收集整理、分析利用，教师还需要对学生使用错题资源的效果进行评价分析，以便作出改进，让错题资源更好地为学生服务。另外，数学教师在教学过程中要多与其他教师交流经验，一起探讨更有效地开发错题资源的方式，以发挥错题资源的最大效用。

三、高中数学教学环境中错题资源的有效开发

错题资源在数学教学中是十分有利用价值的，但在现实的教学过程中，很多教师都没有重视错题资源的课程价值，更不知道如何有效地进行错题资源开发。出现这种情况的原因主要有三点：其一，教师没有建立起错题资源管理的模式，让错题资源流于形式；其二，教师虽让学生进行错题资源收集整理，却没有引导学生充分利用；其三，很多教师对错题资源的重视度不够，没有将错题完全纳入教学中。想要进行高中数学教学中错题资源的有效开发，我们可从以下五个方面着手。

（一）引导学生进行错题资源管理

进行错题资源管理是后期能够有效利用错题资源的基础。目前，很多学生对于如何管理错题资源毫无头绪，这就需要教师加以正确引导。要想引导学生正确进行错题资源管理，教师可以从以下三个方面入手。

第一，为学生指明需要整理的错题类型。在整个高中数学学习中，每个学生都会出现很多错题，如果一题不漏，全盘照抄，费时又费力，且重点不明确，使用意义不高，因此，教师应结合学生实际，为其分析哪些错题是需要纳入错题集的，并让其按照知识点进行分类。

第二，帮助学生建立错题资源整理的规范模板。错题是学生解题思路、知识掌握情况、出错原因等问题的反馈。要想真正发挥错题资源的作用，就需要教师指导学生建立适宜的错题资源整理模板。例如，每一道错题在整理时都需要包含题目、错误解答过程、犯错原因、正确思路等内容，这能使学生对此题形成更加深刻的印象。每个班的学生成绩都有高有低，教师应根据不同水平的学生给出不同的建议。

第三，传授学生错题资源整理的管理办法。随着学生能力的提升，错题本上的部分错题不再属于"错题"，此时教师应指导学生对错题资源进行筛选、删除，以明确新阶段的重点，减轻学生负担，提高错题资源的有效使用率。

（二）将错题作为教学中的一部分

要想真正发挥错题资源的作用，除了进行正确的收集管理，还应将其作为课堂教学的一部分。例如：①在进行新知识讲授时，教师要注意引入错题类型，告诉学生哪些是易错点，用实际的案例提醒学生，加深其对新知识的印象，以免学生在后期出现同类型的错误。②在复习以前的知识点时加入错题模块。很多高中数学教师在进行知识点复习时偏重"题海战术"，忽略了错题资源的利用。若在复习时，教师能够给学生时间进行错题复习，则能够降低学生的答题出错率。③对错题资源进行整合。对学生来说，高中阶段的数学错题资源库是极为庞大的，若一题一题分析，则是极耗时间，且效果不佳的。因此，教师要引导学生进行资源整合，将同类、同知识点的错题归纳在一起，再进行分析利用，这能够有效提升学习效率。

（三）帮助学生养成错题整理习惯

在高中数学学习的过程中，习惯的养成对于学生而言非常重要，一个良好的习惯能够帮助学生在学习活动中有意识地进行某一项活动，让学生的学习思维和方法得到巩固和提升。因此，教师要能够对学生错题整理的习惯进行积极的引导，通过与教学内容和教学方法的相互结合让学生逐渐掌握一个正确的错题整理方法和思维。长此以往，学生可以将这种思维方法变成自己的学习习惯。

例如，在批改完"集合与简易逻辑"的练习之后，教师能够发现学生在练习中所凸显的一些具体问题，那么在教学实践中，教师就可将这些错误的题目引入课堂的教学中进行着重的讲解，并引导学生在错题的分析和纠正过程中做好相应的标记，让学生逐渐掌握在整理错题过程中所需要注意的事项和使用的技巧，如在每一个错题中都应该重点标注出错误点、所述的知识章节内容以及错题出处等信息。只有这样才能够更好地提高错题整理的有效性与质量，也能够在方法技巧的引导之下逐渐地帮助学生养成一个良好的整理错题的习惯。

（四）分析错题的原因并分类归纳

在高中数学教学中，对错题资源的利用，更重要的还是要引导学生对错题原因进行反复的思考和分析，并在分析的过程中将错题的不同类型进行分类和归纳，使学生在错题的整理过程中能够更加有序而不混乱。学生通过对错题原因的分析和分类归纳能够真正发现自己在解题时所犯错误的原因，从而加深对相关数学问题的解题印象，防止错误再次出现。

例如，在教学高中数学"等差数列"的相关知识时，教师要能够利用学生在课后练习中所出现的错误让学生进行自我反思，可以通过以下三个步骤对学生进行引导，对学生说明错误的三个原因：第一个原因是没有仔细阅读和思考题目就进行答案的选择，这非常容易造成错误的出现，简单总结为"马虎大意"。第二个原因是数学基础知识匮乏，也就是学生对数学知识原理的理解不够深入、透彻，从而在解题的过程中出现理解性偏差错误，总结为"理解欠缺"。第三个原因是课后一些练习题本身就具有一定的难度和抽象性，这使学生在解题和思考的过程中遇到许多阻碍与困惑，从而导致解题错误，能够总结为"题目困难"。根据以上三个原因，学生应该能够将错题进行相对应的归类，从而在错题资源复习的过程中能够有一个明确方向。

（五）科学整理错题并且进行回看

在高中数学错题资源的整理和利用过程中，教师还应该引导学生科学合理地进行错题的整理，把握住一个良好的整理节奏，而不是盲目地将过多的时间花费在对错题的整理中，而忽略了对错题资源的回看、分析等过程。在教学的实践中，对整理节奏的把握和对错题回看的思考都非常重要，教师要对学生进行更加充分的引导。

例如，在教学高中数学"概率"的相关知识时，教师要能够通过对学生错题资源的收集和整理，将学生普遍都会犯错的一些题在课堂上进行展示，让学生能够利用课堂时间对自己的错题资源进行重新梳理、思考和分析。除此之外，教师还要定期引导学生集中对自己的错题资源进行回顾和分析思考，而不能将错题资源仅仅作为一种"收藏"。更重要的是教师要能够引导学生有效地利用错题资源，适当地放缓错题整理的节奏，加强对错题资源的思考分析。

在整个高中数学学习过程中，错题往往是学生学习的影子，它能反映出学生的知识掌握情况、解题思路、思维误区等问题。若教师和学生均能充分利用错题资源，则会对学生产生积极影响，能够帮助学生进行学习复盘，从而提升其数学水平。因此，在高中数学教学过程中，有效开发错题资源是具有实际意义的，值得教师和学生深入探究。

第二节　高中数学教学中环境的具体优化途径

一、依据数学知识选择教学方法

学习数学知识要从基础着手，要根据学生在当堂课上的表现，通过对基础习题的解答训练，使学生掌握解答数学习题的基本模式，从他们容易忽略却富有教学价值的地方拓展，让学生掌握解题的规范和程序，为基础知识的深化运用做准备。教师要找到学生最能接受的方法，同时还要系统地讲解基础知识，引导学生依据基础知识的关联与转化关系进行梳理归类、分块整理、重新组织，调动学生的学习积极性，使其掌握数学思维方法。

数学课堂是讨论、合作、交流的课堂，有利于培养学生的创造性思维，有利于学生各方面协调发展。教师要培养学生不同的思维方式，在学生拥有了牢固的基础知识之后，引导学生练习章节综合习题。如果是定理公式的推导证明仅限于教材，学生不好理解，可以讨论的方式让学生进行探讨交流，便于学生精确深入地理解数学理论，概括提取为自己的语言，为知识点的发散奠定基础。同时，要鼓励学生用"一题多解""一题多变"的方法解题，尊重学生在解题过程中所表现出的不同水平，并最大限度地满足其差异发展的需求。在学生掌握基本方法、基本技能的前提下，尽量培养他们的集中思维和发散思维，实现不同的人在数学上得到不同程度发展的目标。

二、准确把握学生的实际情况

在教师实现教学目标，学生通过研读教材初步理解概念，学生完成学习任务的情况下，教学意义、思维培养、道德情操的升华，通过尝试练习寻找解题的思路和方法，是教学的更高境界。在探究知识的过程中发现问题、提出问题，在师生的对话中比较、鉴别而完成知识意义的确认，就是挖掘该节课富含的认识教育价值、情感教育价值、行为教育价值。教师讲解达标测评、各种练习等则有利于演绎能力的提高。每一种数学思想中都包含一种人生哲理，阅读教材、尝试练习、提出问题、归纳猜想、交流意见等，均要求学生进行自我判断、自我选择。评价能将学生的思维引向深入，诱发学生的创新意识。只要我们细心观察、认真分析、深入思考、努力拓展，开展交流、比较、讨论等评价活动可使学生较充分地感受到所学知识的美妙，不放过课堂教学中的蛛丝马迹，不放过教材中的一字一句，认识到知识的价值和重要性，促进他们的鉴赏力和欣赏力的发展，开阔学生应用数学的视野，扩大应用的领域，激发应用数学的兴趣和愿望，比较集中地体现当代先进的教育理念，有效改进学生的学习方法。

三、制定恰当的数学教学目标

教学目标是指在该节课上学生需要理解的概念、掌握的方法、熟悉的技巧、领会的数学思想等，在整个教学过程中，教学目标的制定是非常关键的。因为教学目标在教学活动中处于核心位置，教师要通过教学过程真正弄清楚学生到底有没有理解概念的内涵和外延、定理的前提和结论，它决定着教学行为，不仅是教学的出发点还是教学的归属；会不会灵活运用定理解题，定理本身包含的思想方法是什么，定理的适用范围如何，本节课所要掌握的基本方法是否已经掌握，等等，同时还是教学评价的依据——学生态度热情、主动参与、学有所得表明能达到教学目标。制定教学目标要坚持以下原则：课程标准规定了学科教学的目的、任务、内容及基本要求，若多数同学能在规定的时间里正确完成规定的题目，则说明基本达到了教学目标。如果学生做题思路清晰、推理有据、定理公式运用得当、计算准确、步骤有详有略，则说明学生已经掌握了基本的数学知识和思维方法。特别需要注意的是，在保护学生学习积极性的同时，还要适当照顾两头，即对学困生与学优生都可做到因材施教。

第三节　基于大数据的个性化学习平台与环境

当前大数据在各个领域的应用十分广泛，在电子商务领域已经很成熟，为人们的生活提供了便捷，人们也越来越关注"个性化""数据挖掘"这些专有名词。同时，大数据也得到了教育界的广泛关注，教育研究者们也在纷纷探究大数据在教育领域中的应用。如何利用大数据实现个性化学习是教育技术研究者所要突破的难题。

一、基于大数据的个性化学习平台

第一，功能结构。个性化学习平台主要从学习者使用的角度来进行设计，如学习者登录平台，以及对学习资源的智能搜索、浏览、评价、推荐等。专家可以登录平台上传优秀的课程视频资源，也可以删除一些曾经上传过应用频率不高的过期视频资源。

第二，业务流程分析。绘制基于个性化学习平台学习者的学习过程，以及每个子模块的具体功能，从学习者和平台两个角度出发，使我们对平台整体业务流程有更清晰的认识。

第三，数据库建立。数据库设计是为了更有效地储存数据。计算机要解决的各类问题主要是数据和程序。合理有效地构造数据能够提高系统性能。

二、基于大数据的个性化学习环境

当前的网络学习环境中，网络学习者在源源不断地增长，网络学习平台多种多样，学习资源的形式也不尽相同，学习资源的井喷式增长导致"信息过载"现象越来越严峻，人们无法从海量的学习资源中准确地获取自己需要的学习资源。如何利用大数据记录学习者的学习轨迹，分析学习过程中产生的数据，归纳学习者的兴趣偏好，为学习者推荐最精准的学习资源，提高学习者的网络学习效率，为学习者构建个性化的学习环境是我们当前要解决的重要问题。

"大数据时代的到来引发了学习理念与学习方式的变革，学生从内容的消化者转变成内容的创建者，学习从课堂走向环境，技术的发展和学习理念的转变触发了学习环境的变革。"① 大数据引领下的在线学习，能够实现全方位地跟踪、记录、掌握不同学习者的特点、学习需求、学习行为和学习基础，根据学习者的特点建立学习模型，为不同类型的学习者打造个性化的学习策略、学习工具、学习资源、学习活动，每个学习者的学习内容不再千篇一律，会根据学习者的学习轨迹动态呈现，为学习者营造个性化的学习环境，使学习者从学习中真正找到幸福感。

①于健，赵新，黄辉.大数据下高中数学教学研究［M］.长春：吉林人民出版社，2019：63.

第三章　大数据视域下高中数学教师素养提升

第一节　高中数学教师数据素养的培养与提升

一、高中数学教师数据素养的相关概念

（一）教育大数据

"大数据+教育"逐渐成为教育领域的新浪潮，数字化校园建设也随之兴起，使教育数据呈指数级增长，教育大数据成了教育领域中极为重要的新型驱动力，在教育理论与实践的研究中起着不容忽视的作用。教育大数据是大数据其中的一种，是整个教育历程中所形成的以及按照教育需求收集到的所有促进教育发展并有着庞大隐含价值的数据集合，广义是指所有与教育有关的数据集合，如在教学活动中形成的各种数据等；狭义专指与学习有关的数据。

教育大数据有三种形式，除了能直接被机器读取并识别的结构化数据（如测试成绩、排名情况和鼠标点击次数等）外，大多为半结构和非结构的数据，如通过口头反馈或书面反馈提供的语义信息。

教育大数据包括四大类：一是课程数据，一般存在于学校的教务管理系统中，如课程内容数据资源、完成作业水平、平时测试成绩和期末考试成绩等；二是课堂数据，可使用教室的监控设备等获得教师和学生在课堂中的行为表现，从而记录生成课堂数据，如学生玩手机的次数和时间、课堂互动的情况等；三是网络学习行为数据，如学生观看课程视频或做习题时的时长、修改次数、鼠标点击频率、是否跳跃、是否反复等；四是影响个体学习但不直接相关的数据，如一些社交系统数据、个人心理和身体状况相关数据等。

教育大数据是教师开展教育分析的有效工具，为分析和提升学生学习效果、改进教学策略提供了科学依据。从教育大数据的数据来源和应用领域来看，它会在将来的教育中起到极其关键的作用。

（二）数据素养

随着大数据应用价值的彰显，数据素养受到了广泛关注。数据素养涉及两个方面的内容：一是思想意识层面，包含对数据意识、数据伦理等的要求；二是实践技能层面，包括数据获取、数据处理、数据交流、数据应用等方面的能力。

数据素养与信息素养最根本的区别是数据素养极大，并且非常复杂地涉及对数据的处理。数据素养是信息素养的主要成分之一，且极大地扩展了信息素养的内涵，使信息素养得以顺应时代发展的轨迹。而统计素养是信息素养的必需成分，数据素养是统计素养的必需成分，则数据素养是信息素养和统计素养的关键组成成分，数据素养处于核心地位。而有的人持不同观点，认为在某种程度上数据素养是统计素养的上位概念，数据素养和统计素养具有明显的彼此依赖关系，且把数据素养作为了信息素养的组成成分。

数据素养更多表现在对数据进行各种分析操作，挖掘其中的应用价值，其处理对象是当前大数据环境的所有对象。信息素养偏重通过一定的信息技术手段，从信息源中选取信息、评价信息以及应用信息的过程中体现出的信息意识、知识与能力，其处理对象是信息，数据只是其中的一种，因此数据素养是大数据时代信息素养的延伸与发展。统计素养则偏重对数据的统计思维与统计方法的运用能力，与数据素养的处理对象不同，其处理对象一般只为数值型数据，而大数据环境下数据素养涉及的数据类型除了数值型数据外还包括大量的非数值型数据。

（三）数学教师数据素养

在日常教学中教师经常会遇到教育大数据，教师需要拥有良好的数据素养，能够根据这些数据更好地了解学生和反思自身。随着数据素养与教育的整合，"教师数据素养"这个新的概念被大家熟知。教师数据素养可以简要概括成教师应用数据指导教学的能力。数学教师数据素养是指教师能够依据一定的数学教学目标，在数据意识的驱动下通过各种渠道从教育大数据环境中合理合法且有效地获取、处理、交流与应用数据（包括在数学课堂中产生的各种行为数据、学生数学考试成绩和数学教学资源数据等），以便优化教学决策，提高执教能力和育人质量的专业素养，它是大数据背景下高中数学教师不可或缺的一项专业素养，同时还是有利于时刻掌握学生学习状态和认知水平的有力工具。

二、高中数学教师数据素养的构成要素

（一）教育数据意识与伦理

1. 教育数据意识

教育数据意识是大数据背景下高中数学教师具备数据素养的首要条件，是教师利用数据优化教学的前提和动力。教育数据意识是指教师在头脑中对教育数据的能动反映，体现在教师能够敏锐地感受、判断、洞察自己教学生活中接触到的相关教育数据，并认同教育大数据的价值。具体包括以下五个方面。

（1）数据敏感度。突破"数据＝成绩"的局限，对所有教育数据有一定的敏感度，能够用数据思维观察、分析惯常的教学活动或稍纵即逝的教学现象，将常见性、碎片化的教学片段、教学事件以数据的形式呈现出来，以数据的方式感受、理解和评估。

（2）数据价值意识。肯定教育数据的价值，明确教育数据对社会的影响和作用，在工作中可以有兴趣和目的地关注和寻找所需要的教育数据。

（3）数据保存与辨别意识。对教育数据有即时、合理保存的意识，将各种数据信息分类储存，形成数据图库和知识谱系，以便使用时按图索骥，并能对数据质量、可信度有辨别和评估的意识。

（4）数据更新与共享意识。明白教育数据具有时间效应，具备数据更新意识，并且要具备教育数据共享意识，将教育数据价值最大化。

（5）数据安全与保密意识。教育数据具有一定的隐私性，教师要有数据保密意识，对数据安全有一定的警惕性。

2. 教育数据伦理

教育数据伦理是大数据时代高中数学教师数据素养必不可少的重要内容，是教师在获取和使用数据过程中必须遵守的原则。在大数据时代，数据来源开始变得广泛多样，数据是易得和透明的，但是教师在采集、使用、分享教育数据时应该遵守相关的法律、法规、数据提供方的规定以及一些约定俗成的规则。教师应尊重数据源，注意数据运用的版权与许可问题，不得违规买卖任何教育数据，不得侵犯个人、单位、机构、社会以及国家的教育数据隐私。教师对数据的取舍和应用必然面临"价值"和"道德"之间的矛盾，教师需要具有教育数据道德责任意识，保护学生基本信息数据的安全和个人隐私。例如，大数据背景下有些数据能够体现出学生的身体和心理缺陷等敏感信息，教师应以保护学生为重，交流公布数据时要慎重。

（二）教育数据的获取能力

教育数据获取能力是指高中数学教师在日常教学工作中有意识、有目的、有选择地使用工具筛选出需要采集的教育数据的能力。伴随"互联网+教育"的开展，教育大数据迅猛增多，有来自学生方面的数据，如家庭背景等个人基本信息数据，或学生考勤、辍学率、考试成绩等学生学习行为数据；也有来自教师方面的数据，如课堂提问的次数、课堂练习的题量、作业布置的数量等教师教学行为数据。而教师获取数据的能力分为两种：一种是对于可以从已有的数据源中获取的数据，需要能够从学校档案系统、学生信息管理系统等平台下载、导出数据，在多种格式的各个文件中收集所需要的数据，把这些数据进行编排整理。另一种是对于不能直接从现有数据源获取的数据。一方面，教师要能够设计适当的教学模式或教育评估方式，科学、规范地获取数据，如设计学习评价量表、观察学生的相关行为并进行记录等；另一方面，教师要具备选择和使用适当数据采集工具的能力，对学生的数学课堂表现加以量化式管理。教育大数据常见的数据采集工具有录音笔、录像机、监控设备、高拍仪、教学管理系统等常规采集工具，也有以教育机器人、物联感知系统、智能穿戴设备为代表的新型采集工具，教师要知道不同的教育数据需采用不同的采集方式和工具。

（三）教育数据的处理能力

1. 教育数据的分析能力

教育数据分析能力是高中数学教师基本的教育数据处理能力。在大数据背景下，与数据分析有关的技术正不断融入教育领域，如出现了新兴的学习分析技术，使教师的数据分析能力变得越来越重要。教育数据分析能力指的是教师使用合适的统计工具，应用一系列分析方法处理获得的数据，从而将教育数据转化为对教学有帮助的可视化信息的能力。在分析数据前，教师首先要具备根据实际的教学问题确定所要分析的数据对象和剔除问题数据的能力；其次要能够根据获得的数据类型、结构、分析目的以及实际的教学条件来选择最适当的数据分析工具；最后要能够按照一定的数据分析原理，对数据进行可靠性、相关性、差异性和教学重要指标等分析，并得出有用的教学信息。其中，对数据进行可靠性分析是指教师对数据的获取渠道、测量数据时的误差、数据的可信度与效度方面进行分析；对数据进行相关性分析是指教师通过数据化学生的不同行为表现，将学生在不同阶段的考试成绩、不同教学内容间的潜在联系等方面的相关性进行分析；数据差异性分析是指教师对学生的前后学习差异、学生之间的差异、不同教学方法导致的教学效果差异等进行分析，进而应用科学的教学策略；分析教学重要指标是指教师对极端现象数据、考试成绩平均分、学生课堂表现等方面进行分析。

2. 教育数据的解读能力

教育数据解读能力是高中数学教师数据素养和教学能力的综合反映，也是处理教育数据的重要环节。教育数据解读能力是指教师能够以教学的角度解读各种数据图表和报告，把教育数据和数学教学联系到一起。教育大数据是多种形式的，如学生的数学考试成绩等数据是可测量的、清晰的，教师需要凭借自身的判断力和逻辑推理，结合相关的数据分析知识对眼前数据所包含的潜在信息进行正确解释并挖掘出数据背后隐藏的有意义信息；如学生参与课堂情况等数据则不易测量，难以量化，但这些数据中蕴含着学生的学习态度、心理状态的指向等重要信息，教师需要能够运用大数据技术对其进行捕捉分析。对于复杂数据经过分析所呈现的数据分析结果，教师要能够作出专业的解读，反思自身教学问题，及时发现学生存在的问题，初步假设原因并加以验证，以便改进教学效果。

(四) 教育数据的交流能力

教育数据交流能力是高中数学教师数据素养的价值体现。教育数据交流能力是指教师运用与主题相关的数据和教育相关共同体进行沟通的能力，也就是"用数据说话"的能力，主要包括与学生、家长、同事、领导以及自身的数据交流五个方面。第一，教师应使用数据来告知学生有关自己的学习进展、学习水平等信息，让学生对自己的学习状态有客观、全面的理解和认识，以便开展下一步学习计划；第二，教师应使用数据的语言来对学生的学习成长进行专业描述，以客观合理的方式与家长进行交流，加强家长对学生学习状况的了解，并建议家长根据数据所反映出的信息对孩子进行个性化的家庭教育，形成教育合力；第三，教师要能够使用数据形成自己的教学日志或报告，这些数据报告能够有效反映出教师教学的过程、效果和经验，之后和同事进行沟通共享，以数据的方式交流数学教学现状、教学理念和教学手段等方面，互相学习优秀经验，优化教学模式；第四，基于数据向领导汇报，能够使领导者更清楚地了解教师的工作现状；第五，用数据的形式写出教学日记，客观总结和反思自身的教学能力，可以避免教学反思中的主观性和模板化。

(五) 应用数据教学的能力

1. 应用数据革新教学设计

应用数据教学能力是指高中数学教师能够使用教育数据改善教学的能力，是教师数据素养的根本目的，同时也是教育数据对于教学改革的重要价值。依据教学过程的实行步骤，应用数据改进教学设计是应用数据教学的第一环节。传统的教学设计一般会存在一些不足，如备课是基于教师的经验，缺乏对学生的客观了解；课上教学以讲授为主，以教材为本，多为控制型教学，学生缺乏主动参与的机会；作业以课后为多，造成学、练与评的不同步，缺乏即时的反馈。而在大数据时代，应用数据改进的教学设计具有适用性和创新性。依托大数据技术，数学教师需要对学生知识点掌握程度、学习困难、学习心理等数据进行学习诊断分析，客观把握学生学情，有针对性地备课，如根据不同学习程度学生回答问题的次数与正确率来调整课堂提问的次数和难度；需要在积累和解读数据的基础上，整合教学资源；需要根据数据分析出的学生个人兴趣向学生推送电子数学资料，并根据实际需要进行更新、分析与解读，使教学活动打破时间和空间的束缚；需要以学生个体差异为切入点，结合数据分析的学生智力结构和学习风格，定制专属每个学生需要的个性化训练，减少作业负担。

2. 应用数据改进教学组织

在大数据时代，应用数据优化的教学组织具有灵活性和开放性。一方面，有研究认为，动机、情感、兴趣和意志等非智力因素对学生学习能力有着非常显著的影响，教师应根据大数据技术对非智力因素进行观察和记录，充分开发学生潜能，使教育过程变得灵活。例如，教师对学生的知识基础、认知特点、学习兴趣等进行聚类分析，将学生分组进行实验授课，对于认知水平较弱的那组进行验证性数学实验教学，给出数学课本上提供的实验教学材料，让学生进行验证；对于认知水平相对较强的那组进行探究性数学实验教学，给出与实验相关的多种实验材料让学生选择，并引导学生自己设计实验方案。另一方面，在大数据时代，教学组织不再局限于实体课堂，教师应提高自身在线学习组织和领导能力、在线为学生提供教学服务能力以及将线上与线下教学有效衔接能力，以开放的心态和更丰富的视角组织教学，使学生可以随时随地与同学、教师进行交流探讨。

3. 应用数据完善教学评价

在大数据时代，应用数据完善的教学评价具有客观性和全面性。以往学生对教师的教学评价由于性格、学习偏好等因素，打分时常常带有浓厚的主观色彩，无法准确反映教师教学效果和教学过程中存在的问题，也无法对教学提出有益指导；而教师对学生的学习评估多以考试成绩为主，形式多为终结性评估，注重"回头看"，缺乏"向前看"，对学生的了解也是片面的。在大数据时代，教师需要能够利用大数据技术跟踪、记录、处理与分析每个学生的学习相关数据和自身的教学数据。这种多元数据不仅能使教师客观深入地反思自身教学能力，也能使教师可以更客观准确地全面评估学生，从而提高教与学的质量。例如，在实验课上检测组织中的糖类等化合物，当实验室的数字化信息采集系统检测到学生使用水浴锅时，教师就知道该学生在检测还原糖。数学教师利用每个学生的实验数据，可以随时了解实验进度，预测其实验结果，用数据作为佐证手段对每个学生的实验能力作出精准分析和综合评价。

4. 应用数据进行教学预测

在大数据时代，应用数据建立的教学预测具有前瞻性和预警性，它要求数学教师充分发挥大数据的预测功能，对教育大数据如学生的学习态度、家庭背景、成长经历、兴趣爱好、学习风格、智力水平等因素之间的关系进行分析，通过数据建模，预测学生在某一阶段的发展趋势，快速识别需要帮助的学生，及时发现潜在问题，在学生的学习过程中给予及时的帮助和必要的干预。此外，基于数据的教学预测还可为每个学生规划适合自己的学习目标、学习计划、学习方法和辅导方案，帮助其更好地适应学习步调，真正实现点对点的个性化教学指导。

三、高中数学教师数据素养的培养提升

（一）提供环境导向，强化教师数据意识

1. 强化政策引导，将数据素养纳入教育领域话语空间

教育政策和它所体现出的观念对教师数据素养的养成和提高有着极其重要的影响。因此，建议国家或地方能够拟定出相关的政策，把数据素养归入教育范畴的话语空间，使教育界各个岗位的工作人员快速了解和重视教师数据素养。政府可以加强政策引导，制定出包括数学学科在内的不同学科、不同教育阶段的教师数据素养标准，为高中数学教师数据素养的发展提供参考。同时，还要明确教师素养发展的门槛标识，将数据素养加入教师资格认证的考察要素中，提高入职前的数学师范生的数据意识，为推动教师数据素养的强力发展打下基础。

2. 注重数据文化，营造发展数据意识的数据环境氛围

大数据时代，很多国家都很重视教育大数据的价值，在教育中对数据应用进行了大量的资金投入，以支持教师数据素养的发展。教育界应该做到：高度看重数据的应用价值，及时制定激励和支持措施，如在高校教师教育学院中开展教师数据素养发展的专题项目，吸引学校、一线教师、大数据分析者和管理者等各方面的力量投身到教育研究中；加大对教育大数据采集与管理设施的资金和技术投入，支持教师应用数据改善教学效果，完善教学评价，对学生进行个性指导；大力宣传数据中存在的价值，通过实例展示正确的处理数据方法，在各级各类教育中渗透数据素养的培育，把数据素养深入全民教育中，建立浓厚

的数据文化氛围，引导教师形成数据意识，端正数据态度。除此之外，还应该重点培养教师对数据的观察、感受、判断能力，倡导教师在教学实践中运用先进的数据理念，积极主动地发现教育数据，形成及时管理数据的良好习惯，准确地对数据作出解释，将数据作为教学决策的佐证，全面提高数据意识。

（二）优化数学资源建设，便于数据获取

1. 完善数据系统，为教师使用数据提供实践条件

教师数据素养的提高需要得到外力支持，数据系统是教师得以收集数据和处理数据的操作平台。但是，当前很多学校的数据系统建设重点在于数据行政管理方面，未能考虑到教师对数据的应用需要，影响高中数学教师的数据应用和数据素养的发展。教育部门应完善现有的教育数据系统，加强关于教师数据应用的规范和标准建设，转变教育数据系统的传统行政管理模式。完善数据系统可从教师收集数据与处理操作两个方面来进行：一是连通各级教育单位的教育教学相关数据，在注重数据安全的前提下有序开放公共数据资源，为教师提供充足的教学数据和学生学习数据。二是积极优化数据处理功能，提高教师的数据利用效率，节省教师的数据检索和数据获取时间，尽可能分担教师应用数据的前期工作量，使教育数据系统成为教师获取教学资源，进行数据分析的重要支撑平台。

2. 建立校本资源，优化教师的校园数据管理环境

校园数据管理环境对于教师提高数据素养来说极为重要，是教师数据素养发展的基本保障。因此，应该把广大教师的数据资源聚集在一起，建成校本化的数据资源库，完善学校的数据管理环境。详细来看，可以从三个方面展开：一是强化校园数据平台的管理，设立由专门人员维护的教育大数据平台，建立数据录入和输出的途径，实时整理翻新各种数据资源。二是不断改善教师的工作条件，按照各校数据素养发展需求、数据驱动教学计划以及统筹规划，合理采购教师实施数据驱动教学所需要的基础设备，如录播设备、高拍仪、数码点阵笔、可穿戴设备等。三是整合数据资源，建立学校、教师、学生等几大类教育数据资源库，为数学学科甚至带动其他不同学科的教师拓展数据思维，提供获取分析数据的便利。在整合数据资源的过程中，学校数据资源库的建设非常重要，工程也极为浩大，需要有学科建设、师资建设、数字化建设、文化资源等各方面的数据建设。这依赖于学校管理者、所有教师、学生以及家长的积极配合。教师数据资源库通常含有的是教师们在不同的数据思维指导下，通过使用不同的数据教学方法产生的不同教学效果的数据等；学生数据资源库含有的是同类学生学习不同知识时所形成的数据、不同类学生学习相同知识时所形成的数据以及特殊学生全体或个人的相关数据等。

（三）开展教师专业培训，学会数据处理

1. 增设专业教育，奠定师范生教师数据素养基础

从师范教育的课程开设情况来看，目前只有少数学校开通了"教育测量与评价"这一课，且包含的内容只是教育评价的基础知识和通常的测量方法，从时代需求的视角来考虑，已经无法适应大数据背景下教育教学的基本要求。为促进教师数据素养的发展，建议将数据素养纳入师范教育培养目标体系当中，在数学专业教学中渗透与数据素养有关的内容。例如，在数学师范生培养中增加数据获取、处理、交流与应用等与数据素养相关的一系列课程，并给学生提供数据驱动教学的实践机会和场所，为今后教师数据素养的发展打下坚实的基础。在美国早已有了这样的实例，西俄勒冈大学在师范生教育课程中加入了数据驱动的理念，培养师范生们应用数据改进教学的能力。通过9年多的教育实践，这门教师职前培养课程变为基于数据的文化学习团体，数据成为该校的革新推动力。

2. 强化职业培训，推动在岗教师数据能力的发展

教师数据素养的提升，不能仅依靠师范院校开设的相关课程，还需要通过专门的培训和实践来不断巩固和强化，对教师进行一系列职后培训是教师数据素养提升的重要保障和有效途径。因此，应强化教师数据素养的职业培训，充分利用大数据技术分析受训教师的学科背景、兴趣爱好、科研习惯、思维方式、职业角色、现有数据能力等因素，根据不同需求情况将教师分类别、分层次进行有针对性的个性化培训。在教师数据素养的培训过程中，要充分把握教师的接受度，由简到难、由浅入深，培训内容要符合教师的学科专业要求，开展包括数据基本知识与道德、数据检索与获取、数据分析与解读、数据评价与管理、数据应用与创新等多层次的数据素养培训，使教师掌握数据教学的"知""思""行"。教师数据素养的培养可以采用国培、省培、校本等培训方式，开展线上与线下混合培训活动，建立起完善的联动型教师数据素养培训体系，不断提升教师的数据处理能力，发展教师的数据素养。

（四）搭建同济平台，加强教师数据交流

1. 组织教学研讨，开展教师数据素养的校园团队合作

利用数据来表达、沟通与协作，进一步为学校创造一个合作并进的数据氛围，是教师数据素养可持续发展的动力。因为缺乏应用数据的经验感受，教师不够了解教育大数据的概念，更难以使用数据解决教学问题，所以教师间应该加强数据交流。学校应积极邀请与

数据相关的教育专家，围绕数据获取、整理、解析、使用等方面与教师进行指导交流。除此之外，还要经常组织开展数据驱动教学相关的研讨会、成果交流会等活动，积极宣传数据应用于课程教学的成功案例及成果，协调学校领导力、组织结构、培训师和教师等各方面的团队力量，促进教师对数据的研讨交流。

2. 共享数据资源，搭建教师网络学习共同体交流平台

在大数据背景下，教育数据呈现爆炸式增长，同济间的交流与共享变得越来越重要。从课程数据的完整性角度来看，单个教师供给的数据是从个人视角形成的，不易表明整个学科中的数据概貌，而全体教师的数据是从多个角度形成的，更有利于学科数据的建设。教师之间（特别是同一学科）的数据共享和相互借鉴，能够帮助教师弥补遗漏的数据资源，形成完整的数据链，加深处理和使用数据的程度。联合教师全体的资源力量，建立学科数据以供教师参考，是培养教师数据素养的关键任务之一。因此，需要搭建学科数据交流与共享平台，为教师间分享教育数据资源、交流数据教学认知提供便利，帮助教师增进对教育数据的理解。同时，可在平台上推广优秀的应用数据改进教学的案例，供广大教师应用参考，促进教师网络学习共同体的形成。建立网络学习共同体可以使良好的群体数据习惯带动个体教师，帮助他们克服对数据思维的抵触和畏难情绪，使其勇于使用数据改进教学，推动教师数据素养的自主发展。

（五）激发学习动力，促进教师数据教学

1. 完善考核标准，激发教师数据素养发展的外部动力

教师数据素养成长的外部动力来自学校对教师有效的评估机制与激励措施。目前对教师数据素养的研究还没有形成统一的标准，也缺乏明确的评价指标，因此很难准确地衡量与评估教师的数据素养水平，这无疑会对数据素养的培养造成一定阻碍。为促进教师数据素养的发展，建议学校转变对教师考核评价的方式，从关注课程完成和学生成绩的评估转变为综合性的绩效评估，如相关学科的数据教学行为、教学情境创设、教学资源贡献等，并可以与其他相关部门和机构针对学科特点制定教师数据素养的发展规划，确定详细的、可操作的评估标准，形成在岗教师数据素养水平测评制度，然后将其加入教师业绩考核里面，使数据素养成为测量教师职业能力水平的重要依据。

2. 实施数据教学，推动教师专业发展需求的内部动力

培养教师数据素养的实质其实就是倡导教师在教学活动当中积极应用数据进行教育实践，满足自身专业发展需求的过程。教师的应用数据教学能力是教师数据素养发展的核心

所在，应倡导基于数据的教育改革，强调"用数据说话""以数据为证"的教学方式，激发教师数据素养生长的内部动力。学校应实行表扬与奖励机制，激励教师积极参与数据教育实践，在探索应用数据的过程中发现问题，提出创新见解，增强实践操作能力，满足教师的职业成就感，促进其应用数据能力的进步。最初，教师会对周围的教育数据越来越重视，之后会思考如何去分析和利用这些数据，以调整自己的教学决策。当教师意识到每个学生的不同需求时，使用数据开展教学的紧促感就会变得极其强烈，最后这一整个复杂的心理路程将促使着教师自主提升数据素养。

第二节　大数据背景下高中数学教师的大思维

目前，数学考题灵活多变，需要学生拥有多元化的思维方式，而教师陈旧的教学方法是一种限制，短时间内很难改变。教师如何拥有大思维，是值得我们思考的问题。

大数据作为人们获得新的知识的源泉，它所带来的大量信息正改变着我们的生活方式、工作方式和思维方式。因此，大数据背景下，我们处理数据将有三种变化：第一，我们可以跳出陈旧的抽样后去处理数据，可以处理更多的数据，甚至是对一些特定信息的筛选与处理；第二，考虑到研究数据众多，我们可以不再追求数据的精确度，而是更多地关注数据的广泛性；第三，我们可以更加重视数据之间的关系。所以，大数据背景下高中数学教师应有大思维，对应的数学教学将会发生以下三种变化。

一、数学阅读与多学科融合将成为常态

阅读曾经只在语文教学中才出现，新的高考模式下，数学学科对阅读的要求变高了。因此，数学学习中的"数据"就不仅仅局限于数学题目了，还有各种文字信息。"学生对文本信息进行阅读的过程，就是收集、整理、分析数据的过程，在这一过程中形成自己的思维。"[①] 因此，在数学教学中，首先就需要摆脱传统的教学方式，引导学生阅读数学题，尤其是一些有文化背景的数学题，读懂文字是第一步，接着分析"数据"，最后解题。高中数学教师只有在平时有"大思维"，逐渐渗透阅读的理念，才能使学生在考试中立于不败之地。所以，平时我们要多让学生去训练、去阅读、去收集，不仅是语文阅读的融入，还有其他学科的融入，这就需要学生进行多学科知识的大数据收集。

---

①祁海波．大数据背景下高中数学教师的大思维［J］．数学大世界（中旬），2021（9）：31.

二、"一题多解"变为"只解一题"

在大数据背景下，高中数学教师要摒弃传统的教学方式，完成从"一题多解"到"只解一题"的转变。新的高考模式更强调学生的思维，因此，教师在强调"一题多解"训练学生的思维的同时，也要利用好大数据分析，从而达到"只解一题"的目的，这样学生既能学得扎实，又能学得轻松。在教学中，我们应该引导学生在众多数据中学会分类汇总，形成知识体系。

三、大数据可以改变教师的教学角色

长期以来，学生是课堂的"主体"，教师是课堂的"主导"。当下随着大数据时代的来临，在大数据背景下，教师的角色发生了明显的变化。

首先，在大数据背景下，教师应该是数据的发现者、整合者。新的高考模式下，教师教学应源于教材，但是平时教学应高于教材。大数据背景下，教师应帮助学生进行知识的分类、汇总、整理，帮助学生构建完整的知识体系，帮助学生提高学习效率。

其次，在大数据背景下，教师应该是课堂的"协助者"，可以利用一些大数据技术来实现合作探究、小组讨论等开放性教学模式。例如在泰州市高中数学优课评比的选拔中，一些老师利用"泰微课"资源，播放了日晷的微视频，从而协助学生发现直线与平面垂直的概念与判定定理。因此，在高中数学课堂上结合先进的信息技术，教师就不必拘泥于现成的教案去教学，而是可以根据目前高考中出现的高频题以及学生的不同情况准备多种教学资源，以满足学生的求知欲望。由此教师在课堂上从以前的课堂的"主导者"变成了课堂的"协助者"，从而实现了高中数学课堂教学的多样化，提高了学生的学习兴趣。

再次，在大数据背景下，教师应该是教学的组织者，这里的组织者不仅是课堂教学的组织者，还应该是课上、课下的组织者。大数据背景下，教学资源越来越丰富，学生可选择的数据资源也越来越多，此时教师应对学生自主学习的资源进行组织指导，让学生有针对性地进行学习。例如，每次考试后进行试卷评讲，我们不应从第一题一直讲到最后一题，而是可以利用一些资源平台进行数据的整合，典型的问题可以在课堂上讲清讲透，非典型问题可以留给学生课后自主学习，这样能帮助学生更高效地学习知识。因此，在大数据背景下，教师可以了解学生的个性，借助网络平台了解学生对高中数学学习中感兴趣的地方以及学生对高中数学感到较为困难的知识点，同时了解学生的学习需求，有针对性地进行教学，从而成为学生课上、课下教学的组织者。

最后，在大数据背景下，教师应该是教学的评价者，学生最终还是要通过考试验证自已的学习情况，因此，学生需要个性化的学习，教师对学生的评价应该是多元化的、有针对性的、正确的，这样评价能帮助学生认识并改正错误，提高学习成绩。

　　总而言之，在大数据背景下，高中数学教师要有大思维，既是机遇，也是挑战。我们应该树立正确的教育观，以应对新一轮的教育改革。

第三节　高中教师对学生自主学习能力的培养

　　"高中阶段，数学教学的重点不仅在于学生数学知识的培养，同时也要培养学生的数学思维和意识，而数学思维和数学意识又是学生自主学习能力的基础，所以培养学生的自主学习能力，其实就是在培养学生的数学思维和意识"[1]。因此，在高中数学教学中，教师是否能够同时兼顾教学任务和学生自主学习能力的培养，就成了影响数学教学质量的关键。尤其是在当前的大数据环境下，培养学生的自主学习能力是极其重要的，它不仅有利于学生当前数学成绩的提升，同时也对学生的未来发展有着难以估计的影响，所以作为教师一定要正确、全面地认识到培养学生自主学习能力的作用，并在日常的教学中积极培养学生的自主学习能力，为学生的未来发展奠定坚实基础。

一、教师在数学教学中培养学生自主学习能力的作用

（一）缓解教学资源分配不均的问题

　　高中是学生通向未来的一扇大门，但是由于全国各个地方的经济发展程度存在差异，教育资源的分配上也存在不平衡。一般情况下，经济较为发达的城市有着较为优质的教学资源，而一些经济落后的城市，教学资源也会相对落后。但是在大数据环境下，网络上的教育资源是极为丰富的，通过培养学生的自主学习能力，可以让学生充分应用网络资源进行自学，一定程度上缓解当前教育资源分配不均的情况。

（二）强化学生数学核心素养的培育

　　目前，我国已经将"学会学习"纳入学生所要培养的核心素养之一，而要让学生"会学"，就是要求学生具备自主学习能力，这一能力主要包含了乐学善学、勤于反思、信

---

①邹念琛. 大数据环境下教师在高中数学教学中培养学生自主学习能力的作用研究 [J]. 高考，2021（20）：74.

息意识等内容。另外，要培养学生的实践创新、科学精神等核心素养，也离不开自主学习能力，就以实践创新这一核心素养来说，要实践创新学生首先要具有浓厚的学习兴趣，因为只有这样，学生才能主动去探索。其次学生还需要具备独立思考的意识。独立思考是学生创新的基础，而培养学生自主学习能力，就是在培养学生的学习兴趣和独立思考能力。由此可见，要培养学生核心素养离不开自主学习能力的培养，而培养学生核心素养又是素质教育环境下必须完成的，所以教师无论如何都要重视学生自主学习能力的培养。

（三）帮助学生形成良好的学习习惯

高中是学生人生中的一个重要阶段，它很大程度上决定了学生今后的学习和生活。面对高强度的学习任务，很多时候学生都会将学习看成一件痛苦的事情，从而变得惧怕学习甚至厌恶学习，在这种学习态度下很难形成良好的学习习惯。而且在长期的应试教育影响下，很多教师会为了提高学生的成绩，不断给学生灌输新的知识，并督促学生强行记忆知识，这种简单的教学方式会使学生的学习非常被动，长此以往，学生会丧失自主学习能力，从而难以养成良好的学习习惯。而没有了良好学习习惯的支撑，学生在学习时容易散漫自由，学习效率也不高，长期下去会打击学生学习的积极性。但是教师如果能积极地培养学生的自主学习能力，为学生提供独立思考的时间和空间，并让学生参与数学问题的探讨，经过长期的锻炼，学生在拿到问题时，第一反应会是先独立思考，而不是依赖于教师的讲解。这样学生在没有教师的监督下，很多知识都可以依靠自学完成，再加上教师课堂上的讲解，学生对于知识的理解和掌握也会更加透彻。

（四）促进学生提升数学学习的效率

在高中数学教学中，面对高考的强大压力，很多教师会更加偏重数学知识的讲解，而忽视学生思维能力的培养。这样一来，学生虽然也学习到了知识，但是对于知识的掌握缺乏灵活性，题目稍微进行改动，学生就不知道如何入手。尤其是在如今的大数据环境下，高考题目越来越灵活，学生要学习的数学知识也越来越多，而课堂时间有限，教师即使一节课不停歇地讲，也不可能做到面面俱到，所以这就需要教师在课堂教学内容上作出取舍，在课堂上更多偏向于重点、难点教学，而对于一些简单的知识，让学生在课后自主学习，如此才能有效提高教学效率。但是自主学习要求学生需要具备较强的自主学习能力，而学生如果不具备这一能力，事事都要依赖教师，教学效率是很难大幅提升的。

二、教师在数学教学中培养学生自主学习能力的途径

（一）利用大数据增强学生数学学习兴趣

在当前的社会环境下，大数据预测和分析在我们的生活中已经非常普遍，而这一技术也可以很好地被应用到高中数学教学中，帮助教师更好地去了解学生的学习喜好和学习情况。在实际的教学中，教师可以根据大数据分析和预测的结果，精准把握学生的学习兴趣，从而再根据学生感兴趣的知识进行循循善诱，使得学生的学习兴趣被进一步激发。另外，自主学习并不是让学生"自我学习"，而是要在教师的引导下有计划地进行学习，所以教师就可以利用大数据资源，为学生制订科学合理的学习计划，让学生按照计划一步一步地进行学习，并自觉养成良好的学习习惯。

（二）利用大数据改进教师数学教学手段

大数据环境下教师在进行高中阶段的数学教学时，为了更好地培养学生的自主学习能力，教师可以利用大数据技术，让教学手段更加多样化。因此，教师必须做到与时俱进，对网络上的各种数学教学资源进行充分利用，并基于大数据的优势创新出先进的教学手段。在实际的教学中，教师要熟练掌握网络教学的方法，熟练运用各种网络教学工具，通过各种开放式、互动式的教学工具为学生开展课后答疑辅导，以此来作为课堂教学的延伸。与此同时，教师也可以在这些网络教学工具上发布各种学习任务，以此来督促学生自主学习，如此既能让学生自主地参与到学习中，同时也给学生带来了乐趣，这种寓教于乐的方式对于学生自主学习能力的培养非常有利。

（三）利用大数据建立科学的数学习题库

大数据环境下教师在进行高中阶段的数学教学时，为了加强学生自主学习能力的培养，除了日常课堂以外，教师还可以利用大数据技术为学生建立科学的数学习题库，让学生在课外时间可以根据自己的实际学习情况进行习题练习，培养学生自主解决问题的能力。在实际的高中教学中，学生日常所接触的练习题是非常多的，但并不是每一道练习题都适合学生做，所以教师可以利用大数据技术分析试题参数，并根据所得到的参数调整试题库的难度、偏重点等，同时再利用大数据分析习题的得分率以及难易程度，最后再让学生去有选择地进行练习。这样一来，不仅可以有效提高学生的学习效率，同时学生也能根据这些参数有计划地进行习题练习，从而促使学生掌握学习方法，培养学生的自主学习能力。

总而言之，大数据背景下教师在高中阶段的数学教学中，应该将培养学生自主学习能力作为主要的教学目标之一，并且为了达成这一目标，教师需要在日常的教学中加以重视，通过采取各种有效的途径来培养学生的自主学习能力。如利用大数据技术，了解学生的学习喜好，以此来提高学生对于数学学习的兴趣；利用大数据技术，创新当前的教学手段，以此来引导学生自主学习；利用大数据技术，建立科学的数学习题库，以此来帮助学生掌握自主学习的方法等。

第四节 数学教师运用大数据优化教学的能力

在"互联网+"时代，大数据和人工智能已经和课堂教学逐步融合。近年来，大数据技术日益崛起，这不仅改变了学校课程的固有形态，而且为课堂改革提供了良好的契机，为数学教学带来了生机和活力。大数据具有海量的教学信息，高中数学教师须学会使用大数据，树立数据思维和大数据意识，及时更新教学理论，将大数据分析应用于高中课堂教学之中，突出学生的学习主体地位，实现教学相长。教师有效运用大数据的诊断和分析作用，可以精准施教、精确指导、精细研究，促进自身教学能力的提升，创造性地开展教学，实现以学定教、以教促学。大数据下的新型教学关系的建立不仅有利于促进教师自身角色的转变，也为构建面向未来的新型课堂发挥了核心支点作用。

一、应用大数据来促进教师精准施教

新课程改革已步入深水区，随着课程理念的升级和大数据理念的运用，高中数学课堂教学对教师提出了更高的要求。"教师要主动调适自身角色，做学生学习的组织者、引导者和合作者，同时把大量的时间和空间让给学生，放手让学生去思考、计算和设想。"[①]教师要有善于发现的眼光，通过对学生在学习中各项过程性数据的分析，聚焦课堂，找准学习的难点，找到教学的切入点，从而实施精准教学，这既是有效教学的现实途径，也是实现以学定教、教学一体的实践指南。

精准教学的前提是对学生当下学习水平的掌握。维果茨基最近发展区理论表示，教师要找准学生的现有发展水平和潜在发展水平，并依据学生的最近发展区进行教学。以往教师了解学生学情的主要方式是随堂测试、单元测验、期末考试等，但所获得的统计结果会受到诸多因素的影响，准确性较差。而在计算机技术、互联网技术以及通信技术等现代高

---

①陶珊珊．高中数学教师如何运用大数据优化教学［J］．安徽教育科研，2020（14）：78.

新科技的帮助下，教师可以运用大数据将学生的实际学习情况进行直观可视化。例如，对于学生的课后作业，教师可引导学生通过智学网提供的学习平台作答，由后台统计全班学生每道题的答题正确率：正确率90%以上可判定为整体学习效果较好；正确率60%~90%说明对相关知识点掌握不够牢靠，需在课堂上进一步讲解；正确率低于60%说明学生学习效果较差，要做重点练习和讲解，以对学生作业情况的分析，了解学生对知识的掌握，及时进行教学调整。

二、借助大数据来促进教师精确指导

大数据使个性化教学和指导成为可能。当下，绝大多数高中学校依然是班级授课，且班级容量往往在四五十人，这也给教师开展个性化教学带来了一定的挑战，个性化指导缺乏可操作性。对此，高中数学教师需要利用优质的技术软件，如智学网，对学生的错误率和正确率进行精确统计，再通过对学生测试的多维度数据进行准确分析，从而为教师精确指导和个性化教学提供参照。笔者在高中数学课后小练中一直坚持使用智学网。利用智学网的强大统计和分析功能，教师可以精确知道某个学生的答题综合状况、某类题型的答题状况，也可概览到全班某道题、某类题的得分率。这样，教师就能依据智学网数据进行个性化教学，精确辅导。如此一来，学生在课堂学习过程中就可以结合大数据提供的反馈来了解自我，开展精准学习活动，提高学习效率。

此外，教师还可以利用大数据精确指导学生完成错题集的整理、归纳和温习。在传统的数学课堂中，教师往往在课上或课后让学生自主抄错题，这不仅会浪费学生的学习时间，而且形式较为单一和枯燥，很多学生将其当作一种负担，学习自主性较低，因此其查漏补缺的实际效果较差。对此，在知识巩固环节，教师可以结合大数据给学生自主学习提供一个平台。有了大数据的支撑，数学教师就可以把之前学生测试时出现的错题输入系统当中，学生课后登录网络自行下载打印，并分析、观看最优化的解答方式，从而提升数学学习的效能，形成个性化的数学学习习惯。与传统教学方式相比，此种方法能够呈现出更好的实时性特征，复原学生的思维过程，从而对纠错内容形成更好的掌握。

三、依托大数据来促进教师精细研究

在大数据时代，知识信息量与数据量都在逐步增长，学生获得的学习内容也在持续增多。因此，高中数学教师必须成为研究型教师。具体而言，高中数学教师要充分运用网络技术，收集与整理优质的教学资料，再结合具体的教学内容与目标，对教学内容和方法进行精细化研究，对相关信息进行综合分析与处理，为教学活动的开展提供良好的助力，从而提升自己的教学水平和研究水平。

　　新课程认为，只有教师富有创造性地教，学生才能自主地学。大数据为教师的教和学生的学提供了一个取之不尽、用之不竭的数据库。数学教师不仅要学会使用智学网等软件来辅助教学，而且要教会学生基于智学网的个性化数据来筛查问题，寻找答案，进行有针对性的学习。只有师生共同努力，将智学网等提供的海量教学数据转化为课堂教学资源，大数据才能真正成为教师教学的"贤内助"，成为高中生数学学习的好帮手。

　　在大数据时代背景下，教师和学生都应与时俱进，成为数据的开发者、分析者、共享者和受惠者。高中数学教师要充分利用智学网等软件，有效分析、归纳课堂教学数据，做到精准施教、精确指导和精细研究，从而提升自己的教学水平，促进学生个性化学习，为未来构建理想化的高中数学课堂提供可操作性借鉴。

第四章　大数据视域下高中数学教学模式构建

第一节　高中数学教学中的翻转课堂模式

一、高中数学教学中翻转课堂的含义

（一）翻转课堂的理论依据支撑

翻转课堂的核心理念是：先将新知识的基础打牢固，再锻炼加强知识的运用能力；课堂外进行知识教学，课堂内进行知识内化与运用。只有深刻认识和理解该教学模式的核心运行理念，才能在不同地区、年级、学科的课堂上充分发挥翻转课堂教学模式的功效。

1. 布鲁姆掌握学习理论

本杰明·布鲁姆（Benjamin Bloom）是美国当代著名的心理学家、教育家，他曾提出过"教育目标分类理论""掌握学习理论"等一系列教育理论。1981 年，布鲁姆经过实验发现，通过一对一的针对性教学，班级里多位中下水平学生的成绩超过了多位中上水平学生的成绩，由此他认为，在恰当的条件下，每一位学生都有成为优等生的可能。对此，他提出了掌握学习理论，即在"所有学生都能学好"的思想指导下，在经过班级授课学习的基础上，教师给予学生针对性的、及时性的帮助，针对反馈信息调整教学计划和教学方法，从而使每一位学生都达到教师在授课前制定的教学目标。因此，布鲁姆掌握学习理论不仅是翻转课堂理论的重要组成部分，还对翻转课堂的实践教学过程和我国的教育发展有着重要的指导意义。首先，该理论要求教师树立每个学生都能成功的乐观教学理念，平等看待学生，一视同仁；其次，这一理论还强调教师关注每位学生的人格心理，推动学生主动学习，充分调动学生深度学习的积极性；最后，创新性地提出了教师应用恰当、合理的运用奖励评价机制，充分发挥其促进功能。

2. 建构主义学习理论

建构主义学习理论的核心观点是：学习是人在已经获得的知识基础上，结合时代背景、所处的社会文化背景、个人成长经历，主动地对知识重新进行加工和组合，重新建构

知识体系的过程。因此，建构主义学习理论在翻转课堂的应用体现在：①教学活动是以学生为主导进行的，教师只是学生主动进行知识建构的帮助者和促进者；②教学活动不仅局限于书本知识，还需要尝试在实际情境中运用知识，解决实际问题；③强调协作学习的重要性。由于学习过程是个人主动以自己的方式形成对不同事物的认识和见解，从而每个人对同一个事物的认知是不同的，因此互相交流各自的观点，能够使最终建构的知识丰富、全面，且印象深刻。

3. 自组织学习理论

翻转课堂得以推行的核心在于学生通过计算机网络技术的支持，主动地进行自我学习和互助学习活动，这一观点与印度教育家苏伽特·米特拉在 1999 年启动的"墙中洞"（Hole in the Wall）项目总结出的自组织学习理论不谋而合。苏伽特·米特拉在印度一处偏远的贫民窟的墙体里嵌入了一台联网的计算机，并告诉这里的孩子们可以自由使用这台计算机，整个实验的过程没有出现任何类似教师角色的干预行为，但是这些孩子竟然自发地组织成互助小组，通过网络学习各科知识。该项目表明，建立起引发学生好奇心的学习环境，能够有效提升学生参与学习活动的动机程度，而与同伴形成学习互助小组也会进一步激发学生不断探索学习的动力，从而最终形成一个自组织学习的良性循环机制。伴随着信息技术、媒体技术的进步，以及不同学科的教育资源依托互联网逐步开放，作为主张"自组织学习"的翻转课堂教学模式，必然将会对我国的教育变革产生深远的意义。

（二）翻转课堂的教学结构分析

所谓翻转课堂，就是教师创建视频，学生在家中或课外观看视频中教师的讲解，回到课堂上师生面对面交流和完成作业的一种教学形态。因此，这是一种典型的先学后教的教学结构，明显区别于先教后学的传统课堂教学结构（见图 4-1①）。

传统课堂：先教后练

翻转课堂：先学后练

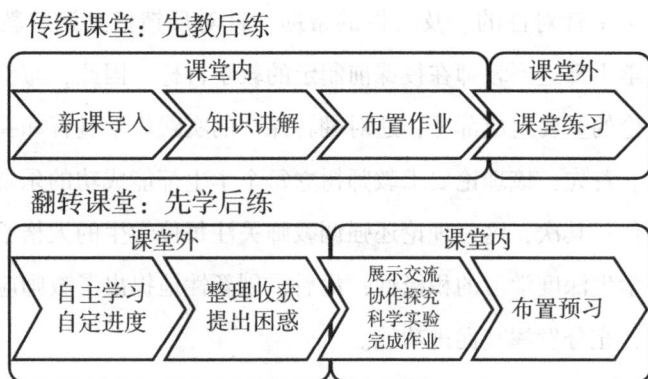

图 4-1　教学结构变化比较图

---

①郭彩凤. 翻转课堂与微课. 高中卷 [M]. 北京：中国轻工业出版社，2016：4.

(三) 翻转课堂的具体内容解读

由于翻转课堂是一种新兴的、处于发展阶段的教学模式，来自不同领域的争议和质疑声音不断。目前很多学校的主要教学模式还依然是课堂由教师主导对知识进行讲解，学生被动学习，其学习的积极性和互动性普遍不高，而翻转课堂则是将传统课堂里的教师和学生的角色进行了互换，学生首先在上课前通过教师录制好的课程讲解视频进行自学，随后课堂转变为教师组织学生交流学习进度和成果，有针对性地对学生各自的问题和困难提供有效的解决方案，引导学生自发地对知识进行思考和实践运用，学生从被动学习转变为主动学习。同时，一方面，这一模式为评估教师的教学成果增加了新的评价指标，即课程讲解视频的关注度、播放量，以及学生进行评论、转发的数据；另一方面，翻转课堂让学生的学习效果评估不再由简单的阶段性考试成绩所决定，学生的自主学习能力、创新能力、表达能力、领导能力等是否在学习过程中得到了提升也被纳入了评价指标中。

当前，传统的课堂教学模式和现存的教育方式，已经呈现出其在培养适合推动新时代发展人才方面存在的不足，而翻转课堂能够在几年内就受到多个国家、地区教师和学生群体的认可，就可以看出这一课堂模式既是时代发展的要求，也是教育行业转型升级的体现。目前不同阶段的学校针对翻转课堂进行了多方面的考察和实践研究，认为这一模式相比于传统课堂，能够有效地激发学生的学习动力和兴趣，加深了学生对学科知识的理解，学生的综合素质、创新能力、思考能力和自学能力等都得到了不同程度的提升。随着我国基础教育的全面普及，以及教育理念随着时代发展的不断创新，翻转课堂在帮助学生全面发展方面的价值和实践意义逐渐凸显，未来的发展空间巨大。

二、高中数学翻转课堂教学活动设计

近年来，我国教育一直处于改革阶段，翻转课堂是教育改革的实践产物。数学在加入翻转课堂之后，教学模式也产生了变化。在数学学习之前，学生需要根据导学案开展自主学习，然后教师和学生会积极讨论本节数学课的相关内容，而且上课环节也发生了变化，上课更加注重师生之间的交流、展示、讨论与探究，数学教学模式的变化使课堂中出现了很多微课视频、音频、图片以及其他的网络链接。

翻转课堂的教学模式要求学生利用导学案展开自主学习，然后再进行小组内部讨论，学生可以在讨论中解决疑问，如果讨论之后还存在困惑，学生可以在课堂上向老师询问，也可以和同学展开深入的交流，分析问题，解决问题。

建构主义思想指出学生和环境之间存在的相互作用能够为学生学习提供源源不断的动力，而且作用力还能够让学生在认知方面和情感方面发生态度转变。对于学生而言，自身和环境之间的相互作用就是学习活动，在翻转课堂教学模式中，微课具有非常重要的作用。但是，微课的使用需要辅助课上的探究活动，只有这样，才能发挥出翻转课堂教学模式的最大作用。

开展学习活动是为了达到预期的学习目标，在学习活动中，学生会和学习环境产生交互作用。学习环境包含很多内容，例如学习资源、学习工具、学习策略以及其他支持学习行为的服务。学习目标的实现需要依赖于学习活动的内容、学习活动的设计以及学习活动的具体操作步骤。传统课堂中，学习活动的开展主要包括学习目标任务、学习交互形式、学习角色、学习职责、规划、学习成果、评价规则以及监管规则等。翻转课堂加入学习活动之后也要涉及学习要素，例如学习资源、学习环境、学习主体与评价规则等，这些要素会直接影响翻转课堂学习活动的开展，也会影响到学习活动能够获得的学习效果。

（一）翻转课堂教学活动设计要素

1. 学习主体要素

在翻转课堂学习活动中，学生是执行者，学生在活动中扮演的角色、展开活动的方式、活动中的互动等都会影响到翻转课堂的学习效果，在设计翻转课堂学习活动的过程时，必须要尊重学生之间的差异性，也要注重学生个性的发展，为学生的发展创造合适的情境，保证学生能够有完整的认知结构，能够建构自我知识系统。在上课之前教师需要了解学生的兴趣、学习能力、学习活动的经验以及对学习的需求，在此基础上设计学习内容，选择符合学生要求的学习视频，设置学生需要的学习任务，布置适合学生能力的学习作业；在课堂中，教师要兼顾不同学生的认知差异，也要在课堂中设置讨论、合作研究的环节，充分尊重学生的学习主体性，让学生作为学习的中心；在课下，教师要对学生的学习过程作出总结和反思，对学生进行多方面、多角度的评价，让学生认识到自己的不足，实现学生的持续发展。在教学过程中使用的方法和手段需要为学生的个性化发展服务。

2. 学习资源要素

学生学习活动的实现需要学习资源作为支持，学习资源包括各种各样的资源，例如文本资源、音频资源、视频资源、动画和图表资源等。翻转课堂学习活动为学生学习提供了多种多样的资源，而且资源是开放的，教师可以根据教学内容选择合适的学习资源，教师也可以对学习资源进行二次加工和设计，让资源更加符合教学需要，例如，教师在处理陈述性的知识时可以设置热区导航，在其中加入具有说明性的内容，如文本知识、图表知识；教师处理程序性的知识时，可以分层次地将知识陈列出来，帮助学生建立清晰的概念认知，帮助学生构建完善的知识结构，例如认知策略的学习、动作技能的学习等；教师在处理学习资源的过程中，需要注意体现学生的个性自由，让学生的思维在活动中得到发散，让学生有自主的思考、深刻的认知。特别是微视频，学生会依靠微视频进行大量的自主学习，所以微视频的设计一定要注重学习自主性的体现。要让微视频发挥出互动功能，帮助学生了解新知识，建构新知识。在微视频中应该体现出本视频要学习的内容和要解决的学习问题，帮助学生了解和明确视频学习的具体目标。

3. 教学方式要素

翻转课堂和传统的课堂有所不同，教师的角色、学生的角色都发生了转变，翻转课堂使面对面学习和网络学习产生了紧密的连接，除此之外，它还实现了知识和技能、应用和迁移的结合。在翻转课堂中，教师既是学习资源的开发者、设计者，也是学习目标的制定者、学习活动的组织者，教师要陪伴学生学习，要管理、设计、考评学生的活动，学生需要积极发挥自己的学习主动性，要建构自己的知识体系。

4. 学习环境要素

翻转课堂的学习环境有四个：一是家庭学习环境，家庭学习环境是学生自主学习的保障，家庭需要为学生的学习提供物质条件，例如安静的学习氛围，能够指导学生学习、督促学生学习的家庭成员等，家庭学习要求学生自我约束力较强，需要家长和学校配合，形成教育合力；二是课堂教学环境，课堂教学的中心是学生学习内容，主要是思维练习，注重培养学生的选择能力、决策能力，让学生能够全面发展，课堂环境能够为学生提供真实的学习情境，课堂教学环境传递信息的渠道也非常多、非常丰富；三是网络学习平台，网络学习平台提供的课程活动蕴含建构主义教学理念，能够帮助教师更好地设计教学活动；四是学习支持服务，该服务的目的是全方位地为学生学习提供支持，帮助学生解决学习困难，具体而言，主要涉及动机激励、任务指导等内容。

翻转课堂学习活动对学生的自我管理能力提出了较高的要求，对教师的工作能力也提出了较高要求，教师要为学生创造出良好的环境，为学生提供他们需要的信息和资源，促进学生的个性化学习以及合作学习。为了让学生保持学习积极性可以设置积分奖励，通过量化的数据来反映学生的学习成果，还可以使用量化的形式评价学生的学习过程，除此之外，也可以设置精神方面的奖励，例如颁发荣誉奖章、评选光荣称号等，如果有特别出色的学生可以同时奖励积分和荣誉称号，这些奖励形式能够激发学生的学习主动性，让学生更愿意参与学习活动。任务指导能够帮助学生形成清晰的学习步骤，让学生明确学习目标。例如，在网络学习平台上，平台可以按照学生的学习足迹给学生推送相关学习资源，这有利于学生更好地开展自主学习，除此之外，也可以为学生的练习设置答案反馈，为学生展示详细的解题过程，让学生理清自己的思路，教师还可以利用知识地图直观地展示知识层次、学习路径，可以有效地指导学生的学习，帮助学生建立整体的、结构化的知识系统，避免知识的过度分化和孤立。

设计学习环境主要是为了更好地帮助学生建构知识，让学生的学习更有意义，翻转课堂学习活动的环境应该是有利于交流沟通的、有利于激发学生学习积极性的、能够为知识学习提供足量信息的、让学生全面发展的环境。

5. 评价规则要素

翻转课堂学习活动必须注重学习过程。活动是动态的、整体的、复杂的，并不是线性的，活动过程需要教师监督和掌控，并且对某些环节要作出适当的引导，还要对学习过程作出有效的评价和反馈，确保学生的发展符合预期目标的设定轨迹。例如，如果学习过程中出现了意外因素，那么教师必须认真对待和处理，保证学生的学习能重新回归到稳定状态。除此之外，还可以通过学生和环境之间的交互建立反馈机制，保证学生的知识建构始终处于稳定状态，最后教学评价方式需要作出改变与创新，教学评价方式应该既适合于翻转课堂学习活动，又能够促进学习过程的推进和学习效果的提升，教师要充分利用评价对学生的反思作用和学习督促作用。

对学生的活动过程的评价、自主管理能力的评价、合作组织能力的评价、语言表达能力的评价应该从问题出发，关注过程，力求形成真实有效的评价，发挥评价的作用，评价需要从多种角度展开，整体的评价学生的学习过程、学习态度、学习结果。例如，在课程开始之前，教师应该自主评价并总结学生在网络学习平台上的视频观看记录，查看学生的学习进度以及学习安排，清楚地了解学生的准备状况；在课程当中教师要关注学生知识的构建情况，要指导和督促学生的学习行为，督促学生参与讨论、参与合作，解决课前存在的疑难问题；在课程结束之后，教师应该为学生布置学习任务，并且要求学生在规定的时间内递交反思报告、评价报告。

（二）翻转课堂教学活动设计要求

第一，正视不同学生之间的差异。翻转课堂学习活动需要有针对性地为学生提供服务，针对性服务的提供需要教师提前掌握学生的个人情况，并且作出针对性的指导，在课程中也要对个别学生进行专门辅导，为学生提供个性化学习服务，在课程结束之后，也要及时更新学生的能力发展状况，为学生知识的学习提供相应的巩固和强化措施。

第二，让活动设计得具体细致。教师需要在学习活动之前、活动当中、活动之后的各个阶段为学生设立明确的目标，作出详细的活动安排，让学生按照活动安排展开活动，发挥自己的主体性来完成活动目标。

第三，为学生学习提供有效的支持服务。教师要保证学生学习环境的合理、科学建设，要探究不同的学习方式，培养学生的自主性合作能力、探究能力、自我管理能力，为学生知识的建构提供服务支持。

第四，在活动中始终进行监督和管理。教学活动开始之前、过程当中、过程结束之后，教师都要进行有效的监管，检验学生的学习效果、学习任务的完成情况，评价学生的协作能力、交流能力、学生的学习成果、参与意识等，还要督促学生进行自我反思与评价。

（三）翻转课堂教学活动设计展望

第一，活动必须凸显主体地位。与此同时，也要注重多元化的活动，最重要的是人的参与，人才是活动的主体，所以必须明确翻转课堂学习活动的主体是学生，必须给予学生主体地位，让学生发挥出学习主体性，学生掌握学习主体性之后，会在学习中表达积极的学习态度，能够和他人展开频繁的交流，学生掌握了翻转课堂学习活动的话语权就能发出更多属于自己的声音，能够进行更多自己主观层面的互动，换言之，翻转课堂学习活动的声音从以往的教师独白已经转变成师生的共同对话。

第二，活动中介要多元化发展。翻转课堂学习活动的开展需要依赖于工具中介，只有通过工具中介学生才能和环境产生交互。可以说工具中介为学生提供了感知世界、理解世界、解构世界的渠道。工具中介能够让学生直观的感受工具中介的可视化形式，所以如果学生想要了解世界本身的状态，就需要利用更多形式的工具中介，对世界进行多角度的感知、理解和解构，换言之，工具中介不能过于单一，要向着多元化的方向发展，具体在翻转课堂学习活动当中就表现为要建设多元化的工具中介，促进学生对世界的更好感知、更好理解。从这个角度来讲，微课的存在有不可忽视的作用。在翻转课堂学习活动当中必须避免活动途径的单一，可以在活动当中使用口头语言、书面语言或者技术等各种各样的中介工具，让学生借助工具更好地理解世界的本质状态。

第三，翻转课堂学习活动应该有明确的任务，应该将任务作为发展导向。活动任务是学生活动的核心，换言之，要将建构性知识、解决实际问题作为活动核心，让学生把学习当作一项任务不断地去探究，解决一个又一个的任务，学生的探究精神能够让学生更加积极、更加热情地参与活动，能够有效地激发学生的活动主体性，也有利于多元中介发挥作用，让学生通过中介工具了解世界的更多可能。与此同时，设置活动任务能够让学生清楚地知道活动的目标，能够让学生的行为有目的性，能够让行为朝着任务完成的方向发展，学生探究的行为就是任务活动完成的一部分。

第四，翻转课堂学习活动是动态的，并不是线性的，也不是预定性的。固定的学习活动指的是教师为了完成某些学习目标而为学生设计的固定操作，固定的学习活动有非常强烈的独立性，它将活动和行为进行了微化分解，完全忽视了学习过程的动态特征和复杂特征，所以，固定的学习活动很难实现学生的全面整体发展，学习活动不应该是固定的，应该处于动态之中，在进行活动设计时可以明确活动任务，但是要注重活动过程的动态特征、非线性特征、非预设特征的体现，而且要注重学习者之间的交流和沟通，注重学生在动态复杂环境下产生的非线性的、非预定性的活动和行为，注重活动过程的动态性能够让知识更好更快地传递，也能够有效应对活动中出现的不同观点，有利于创新。

第五，活动个体与共同体之间要和谐发展，学习并不是学习者一个人的知识构建，还涉及和其他人的交流互动，所以学习活动过程不仅要关注学习者的个人学习状态、个人知识情况，还要注意学习者的知识建构过程当中可能出现的不同观点，让学习者和其他的活动共同体进行交流和沟通，交流和沟通能够提高课程的活力，也能够让学习者借鉴别人的优点，不断地完善自我、反思自我。

第二节 高中数学教学中的深度教学模式

一、高中数学深度教学的模式构建

深入学科教材的本质、触及学生的心灵深处、促进学生的持续建构和引导学生的意义建构乃是深度教学实践的四个基本方向，深入学科教材本质的反思性教学、触及学生心灵深处的对话式教学、促进学生持续建构的阶梯式教学和引导学生建构意义的理解性教学则是深度教学的四个基本模式。

（一）反思性教学

深度教学是引导学生深度建构学科教材的本质，唯有通过反思，学生才能真正把握学科教材的本质。这就是深度教学的第一个教学模式：深入学科教材本质的反思性教学。

1. 反思性教学理念

在中学，虽然教师都主要承担的是某一个学科的教学，但很多教师又常常将自己的任务理解为教教材。其结果是：学生只是学了几本教材，却没能真正认识这门学科；学生只是学到了某些粗浅的教材知识，却很少把握该门学科的精髓。长此以往，学生自然难以发展出良好的学科核心素养。改变这种状况的前提就是转变我们的教材观念：教师的教学任务不是教材，而是教师用教材来教学生学习学科。鉴于学生学习时间和精力的有限性，教师的任务主要是用教材来引导学生把握学科的本质，其原因就是为了更好地解决时下人们普遍关注的话题——培育学生的学科核心素养。

不管是引导学生把握学科的本质，还是培育学生的学科核心素养，首先是引导学生借助教材来学习学科，简单而言，就是要引导学生着重从学科的以下五个要素来展开学习。

（1）对象—问题。所有学科都有自己特定的研究对象和研究问题。例如，物理学主要研究物质世界最基本的结构、最普遍的相互作用和最一般的运动规律，数学主要研究现实世界的数量关系和空间形式。而在各门学科内部的不同领域，又涉及具体的研究对象和研究问题。

（2）经验—话语。所有学科都有自己特定的经验形式与话语体系。对于中学生而言，就是要掌握不同学科的基本活动经验、问题表征方式和语言表达特点。

（3）概念—理论。所有学科都有自己特定的概念系统与理论体系，具体表现为学科中的概念、原理、结构和模型等概念性知识。

（4）方法—思想。所有学科都蕴含有经典的思想方法，包括哲理性的思想方法、一般性的思想方法与具体性的思想方法。

（5）意义—价值。所有学科都有自己独特的意义与价值，具体表现为学科知识的作用与价值以及学科知识所蕴含的情感、态度与价值观。

2. 反思性教学目标

从教学目标而言，深入学科教材本质的反思性教学旨在培育学生的学科核心素养。学科核心素养特指那些具有奠基性、普遍性与整合性的学科素养。其中，具有奠基性的学科素养是指那些不可替代和不可缺失，甚至是不可弥补的学科素养，如学科学习兴趣、学科思想方法等。具有普遍性的学科素养是指超越各个学科并贯穿于各个学科的学科素养，如思维品质、知识建构能力等。具有整合性的学科素养是指对那些更为具体的学科素养起着统摄和凝聚作用的学科素养，如语文学科中的审美鉴赏与创造力素养统整了审美意识、审美情趣、鉴赏能力和创意表达等语文学科素养。

从分析的意义上讲，学科核心素养的基本结构可以归纳为："四个层面"与"一个核心"。"四个层面"分别是：①本源层，即对学生的学科学习最具有本源和发起意义的那些素养，主要表现为学科学习兴趣；②建构层，即学生在学科学习中所具有的知识建构能力，主要表现为发现知识、理解知识和构造知识的能力；③运用层，即学生运用学科知识解决问题的能力，集中表现为实践能力与创新能力；④整合层，即学生在长期的学科学习中通过领悟、反思和总结，逐渐形成起来的具有广泛迁移作用的思想方法与价值精神。"一个核心"是指学科思维。正是依靠学科思维的统摄和整合，学科核心素养的所有四个层面及其各个要素才形成了有机的整体。

有四个因素与学科核心素养的发展密切相关：①学科活动经验；②学科知识建构；③学科思想方法；④学科思维模式。其中，学科活动经验是学科核心素养发展的重要基础。离开学科活动经验，学科核心素养的发展便成为无源之水。知识建构能力不仅是影响学科核心素养发展的重要影响因素，而且它本身就是学科核心素养的组成部分。作为学科的精髓与灵魂，学科思想方法在一定程度上决定着学科核心素养的发展状况。学科思维模式是特定学科的从业者和学习者在分析问题与解决问题时普遍采用的思维框架和思维方式，它在学科核心素养发展中起着决定和整合的作用。

3. 反思性教学方向

在教育意义上，"学科"是指教学科目。在学科课堂中，教师的直接任务是引导学生学习学科。引导学生学习学科是引导学生学到学科中最有价值的知识。而在深度教学的视域中，其实质是要引导学生把握学科的本质，对于这个问题，可以从两个方面加以思考：①研究对象。学科的研究对象决定着学科的本质。不同的学科有着不同的研究对象，不同学科的各个分支也有不同的研究对象。不同学科的不同研究对象决定了不同学科的研究过程、研究方法和研究结果的不同。具体而言，学科的研究对象就是学科的独特研究问题。因此，独特的研究问题决定着学科的本质。②存在形态。学科的存在形态决定着学科的本质。任何学科都具有三个基本存在形态：知识形态、活动形态和组织形态。学科的知识形态主要表现为学科的核心知识，包括核心的概念、原理和理论等。学科的活动形态主要是指学科研究者发现知识和解决问题的活动样态，具体表现为学科的研究方法与研究手段。学科的组织形态主要是指学科知识的组织系统，常常表现为学科的基本结构。

从操作的意义上讲，教师可以着重从五个方面引导学生把握学科教材的本质：①知识的产生与来源，即引导学生理解知识的前因后果。②事物的本质与规律，即引导学生透过现象把握事物的本质特征与普遍规律。③学科的方法与思想，即引导学生领悟学科专家发现知识和解决问题的思想方法。④知识的关系与结构，即引导学生把握知识的三重关系：前后知识之间的顺序关系；左右知识之间的并列关系；上下知识之间的层次关系。⑤知识的作用与价值，即引导学生理解知识的功能、作用以及知识背后所蕴含的情感、态度与价值观。

4. 反思性教学环节

反思总是寻求固定的、长住的、自身规定的、统摄特殊的普遍原则。这种普遍原则就是事物的本质的真理，不是感官所能把握的，这意味着，作为主体对自身经验进行反复思考以求把握其实质的思维活动，反思是引导学生把握学科教材本质的核心环节。

在汉语语境中，一般将反思理解为对自己的过去进行再思考以总结经验和吸取教训。

在教学条件下，人们常常谈论的"反思性教学""反思性学习"都是将"反思"理解为经验的改造和优化。从源头上看，"反思"乃是一个外来词，为近代西方哲学尤其是黑格尔哲学所常用。实际上，具有真正哲学意义的反思概念是随着近代西方哲学的发展而得以确立和清晰起来的。归纳起来，西方哲学中的反思概念大致包含以下五层含义。

（1）反思是一种纯粹思维。反思是一种纯粹的思维，即纯思。换言之，反思是一种以思想本身为对象和内容的思考，是对既有思想成果的思考，又是关于思想的思想。

（2）反思是一种事后思维。一般而言，反思首先包含了哲学的原则，哲学的认识方式只是一种反思，意指跟随在事实后面的反复思考。可见，反思是一种事后和向后的思索与思考。

（3）反思是一种本质思维。反思是对自身本质的把握，这是反思的最重要含义。任何反思，都是力求通过现象把握本质，通过个别把握一般，通过有限把握无限，通过变化把握恒常，通过局部把握整体。

（4）反思是一种批判思维。反思一词含有反省、内省之意，是一种贯穿和体现批判精神的批判性思考。换言之，反思不仅内含批判精神，而且是批判的必要前提。简单而言，批判就是把思想、结论作为问题予以追究的思考方式。

（5）反思是一种辩证思维。真正彻底的反思思维不仅是纯粹思维、事后思维、本质思维和批判思维，而且必须是辩证思维。因为只有辩证思维，才是达到真正必然性的知识的反思。

回到教学领域，我们可以从五个维度来理解学生的反思：①反思的目的。反思不是简单的回忆、回顾，其目的主要是把握学科本质，进而不断优化和改进自身的知识结构、思维模式与经验体系。②反思的方向。作为事后思维，反思一定是向后面的思维、反回去的思维，是学生对自己已有思考过程及其结果的反复思考。③反思的对象。学生反思的对象不是实际的事物和活动，也不是直观的感性经验。反思是学生对自己思考的思考，是学生对自己已获知识的思考，是学生对自己已获知识的前提与根据、逻辑与方法、意义与价值等方面的思考。④反思的方式。反思的本质含义决定了反思的基本方式是反省思维、本质思维、批判思维与辩证思维。⑤反思的层次。反思不是初思，而是再思、三思、反复思考。如果说初思有可能还停留在感性的认识水平，那么反思则是通过反复思考达到了理性的认知水平。

5. 反思性教学模式

引导学生把握学科本质的教学模式是反思性教学。这里的反思性教学不是教师发展意义上的反思性教学，而是学生发展意义上的反思性教学。简单地讲，学生发展意义上的反思性教学是指学生在教师引导下通过反思思维，把握学科教材本质进而优化和改造自身知识结构、思维模式与经验体系的教学形态。教师要从目标、内容、过程、方式与水平五个维度，确立反思性教学的基本实践框架。

（1）反思性教学的目标：把握学科本质。反思性教学的目标是引导学生透过现象把握本质，透过局部把握整体，透过事实把握意义。换言之，引导学生把握学科教材的本质和学科知识的意义。

（2）反思性教学的内容：知识的过程、方法与结果。这种教学模式是让学生学会对自己的知识进行理解和不断反思。反思性教学涵盖了以下内容：一是对学到的知识看作一种过程进行反思，主要是学生要学会在获取知识的过程中进行反思；二是将所学的知识看作一种结论进行反思，其中包括逻辑思维和行为方法、价值观念等方面；三是将所学的知识看成一个问题进行反思，让学生学会质疑和批判。

（3）反思性教学的经过：从矛盾到重建。在实践中，反思性教学会创造问题的环境，从而给学生造成疑惑的感觉，这样会有认知的矛盾，所以学生就会努力做到知识平衡，最后回归到教材，重建自己的知识结构。

（4）反思性教学的方式：其中包括了四个不同的思维方式：反省思维、本质思维、批评思维和辩证思维，这四种思维模式循序渐进地引导学生，从而达到反思性教学的目的。反省思维其实就是让学生在学习的过程中找到一些办法，并对这些方法进行反省，从而得出一些心得体会，最终提高学习效率。本质思维就是教会学生通过现象看清事物的本质。在实践中，教师首先应该将知识的缘由作为重点；其次是事物的本质、学习学科的方法、各学科之间的知识联系等，让学生看到学科的本质和知识核心；最后能让学生真正地掌握知识。批评思维就是让学生敢于质疑，这样一来能让学生具有一定的批评精神，从而激发出内心的创新精神。辩证思维的出发点就是整体与发展的观点，学生要学会用这一观点来看待问题，能看到事物的发展性，也能看出事物的对立性，辩证地看待事物，既能看到好的方面，也能看到不好的方面。

（5）反思性教学的水平：从回顾到批判，根据学生反思的水平，可以将反思性教学区分为回顾、归纳、追究与批判四个层次。其中，在回顾水平上，反思性教学只是引导学生对自己知识的过程、方法与结果进行回忆。这种水平的反思性教学在实践中比较多见，一个典型的表现就是教师只是让学生对自己学习的得失进行反思。在归纳水平上，反思性教学引导学生对先前知识的过程、方法与结果进行梳理与归纳，但此时的知识还主要停留于经验水平和概念水平。在追究水平上，反思性教学引导学生对知识的产生与来源、事物的本质与规律、学科的方法与思想、知识的作用与价值等方面进行反复地探求与追寻。在批判水平上，反思性教学引导学生将自己已获得的知识作为问题加以质疑和拷问，其着眼点在于提升学生的问题意识、批判精神与创新能力。

(二) 对话式教学

教育之道，道在心灵。遗憾的是，现行教学偏偏专注于知识的堆积而远离学生的心灵，学生因此缺乏情感的体验、智慧的刺激和生活的感悟而丧失灵性，课堂缺乏生命的活力和意义的显现。在这种情况下，教学毫无深度可言。换言之，深度教学不是远离学生心灵的教学，它一定是触及学生心灵深处的教学。因此，对话式教学才能触及学生心灵的深处，这就是深度教学的第二个教学模式：触及学生心灵深处的对话式教学。

1. 对话式教学的发起根源

教育是心灵的艺术，教学是心灵的启迪，教师是人类灵魂的工程师，凡是与教育有缘的人都熟悉这些名言和说法。在实际的教学中，学生心灵沉睡的现象不在少数。归纳起来大致有三个方面的表现：第一，"无心"现象。教师的教学与学生的心灵无法相同，难以引起学生心灵的共鸣与回应，致使教师的教学与学生的心灵处于两相平行而很少相交。此时的课堂奔跑于学生的心灵之外，学生自然就会产生无精打采、注意力涣散等现象。第二，"走心"现象。教师的教学与学生的心灵世界有些关联，偶尔会引起学生心灵的共鸣与回应，但终究未能走进学生心灵的深处，点燃学生心中熊熊的火焰。此时的课堂止步于学生心灵的表层，很少触及学生深层的需要、兴趣、情感和思维，自然就会产生学生一笑而过、一时兴起而难以持续投入等现象。第三，"偏心"现象。教师的教学单纯强调学生心灵的理性部分，很少关注学生的情感、精神部分，教师的教学单纯强调学生的逻辑思维，很少关注学生的感知与体验、直觉与领悟。在这种情况下，课堂将学生心灵的理性部分置放在课堂的绝对统治地位，学生心灵世界中更具有生命本源意义的部分却被放逐在课堂之外。长此以往，教学非但不能建构学生的意义世界和生成学生的精神整体，反而会使学生的意义世界和精神人格不断陷入干涸和贫乏。

一旦教学作出了唤醒学生心灵这个庄严的承诺，我们就该努力去践行之。然而，课堂教学中存在的"无心""走心""偏心"现象又说明教学并没有能够兑现它的承诺，这主要有以下两个方面的原因。

(1) 教学本质问题的认识束缚。教师对于这个问题的认识与回答，必然会对教师的具体教学实践起着根本的导向和规范作用。长期以来，我们主要是在认识论（实践认识论、社会认识论或建构认识论）的框架下去揭示教学的本质，由此产生了特殊认识说、认识实践说、认识发展说、交往活动说与建构活动说等基本观点。与此相适应，处于第一线的教师很容易将教学理解为一种纯粹的知识活动。在这种情况下，教师自然难以从"心灵"的高度理解教学的本质，所谓"教学是心灵的唤醒与启迪"等观点顶多只是教师用以粉饰自己职业的美丽辞藻，或者只是教师教学之余的感想与议论。这意味着，我们必须突破狭隘的认识论视角，将我们对教学本质的理解提升到心灵的高度。否则，无论我们选择何种路径、采取何种方式来改进教学，它都难以真正进入学生的心灵世界。

（2）学生心灵世界的难以言说。教学之所以难以走近学生的心灵世界，难以成为唤醒和启迪学生心灵的艺术，其中还有一个原因就是心灵世界本身的难以言说性。在教学生活中，我们能够清楚地将作为人的学生区分为身（身体）和心（心灵）两个部分。的确，"心灵"这个概念实在让人难以把握，直到今天心理学也始终未给心灵下过定义。当人们谈到"心灵"时，自然就会联想到"灵魂""心理"这些概念。灵魂、心理和心灵也是不同的，在日常生活中，灵魂是人的整个精神世界的代名词。在学术领域，心理学先是把人当成宇宙的微观世界而灵魂是它的主宰，心理学作为有关灵魂的科学因而在知识界占据了重要位置，后来正是将其研究的对象从"灵魂"转变为"心理"，心理学才取得了较高的地位，被承认为一门科学。由此，"灵魂"概念被"心理"概念取代。因此，要让教学成为唤醒和启迪心灵的艺术，在理论上必须突破心灵概念的认识难关，进而揭示心灵的构成与机制。否则，教师就会因为难以付诸实践而将教学阻挡在学生的心门之外。

2. 对话式教学的问题情境

设计问题的情境主要涵盖了触发问题、唤醒问题和建构问题。从事物发生的状态来看，问题情境的产生能触发学生、唤醒学生，并且让学生内心世界不断地得到建构和充实。在问题情境设计的基础上，和学生及时沟通能建立起教师和学生之间的心理桥梁，这种教学也被称为对话式教学，通过这种方式不仅可以让两者的思维不断地碰撞，也在构建着学生的内心世界。总而言之，对话式教学能在问题情境创立的基础上，达到很好的效果。

（1）学生心灵的触发器：问题情境。怎样的问题情境才能触及学生心灵的深处，基于大量的课堂范例，能够触及学生心灵深处的问题情境通常都能够引起和激发学生的注意力、好奇心、求知欲、探究欲和共鸣感等。具体而言，教师可以采用五个方法来创设尽量精妙恰当的问题情境。

第一，以真实生意义。问题情境的创设需要从学生的生活实际出发，尽可能让学生在真实的问题情境中展开学习，使学生真正感受到自己是在学习有实际意义的知识，真正体会到知识与生活的密切联系。

第二，以新奇激兴趣。但凡新奇的事物都能激发人的兴趣，容易引起学生的好奇与思考。教师要善于捕捉课程教材中的新奇处，进而创设出尽量新奇的问题情境。

第三，以真切动真情。生动形象的场景和真情实感容易引发学生的情感体验和情感共鸣，产生以情动情的效果。教师在创设问题情境时要善于做到情真意切，用情感架起沟通交流的桥梁，从而促进学生的主动参与和情感投入。

第四，以困惑启思维。当学生遭遇困惑时，内心就会产生一种不平衡的心理状态。为了解除和恢复心理上的平衡，学生便会产生深入探究的欲望和冲动。教师要善于通过问题情境创造困惑，使学生产生认知冲突。

第五，以追问促深究。但凡善于引导的教师，都善于在学生已有思考的基础上，借助巧妙的追问，促使学生循序渐进、由浅入深地建构和理解知识。

（2）触及学生心灵深处的教学途径：对话式教学。借助问题情境，教师便可以采用对话式教学，不断地触发、唤醒和建构学生的心灵世界。从操作上讲，教师可以根据教学实际，分别采取问题讨论、论题争辩、成果分享、角色扮演和随机访问五种对话教学方式。

第一，问题讨论，这种教学模式是让学生在课堂上发现问题，并且根据这个问题进行沟通讨论，并商讨出最后的解决办法。

第二，论题争辩，这种对话教学一般都要形成正反两个论题，由此让学生自己分为正反方，让学生通过辩论赛的形式真正地理解知识。

第三，成果分享，这种教学模式主要在于让学生在完成课后作业的基础上，敢于分享自己的学习结果，达到分享的目的，让学生学会自我反思和团队协作。

第四，角色扮演，这种教学模式重视学生对相应角色的互换，而体验不同角色可以让学生体验到沟通的重要性，最后学会相应的知识。

第五，随机访问，这种教学模式能够让学生自发地、主动地从不同的角度，发现更多的问题，形成多种的学习方法，培养学生的合作交流能力，使其能够对学习的知识有深刻的印象。

（三）阶梯式教学

教学贵在循循善诱。教师要善于引导学生由浅入深地认识事物，最终达到穷理尽妙、慎思敏行的学习境界。深度教学的第三个教学模式是促进学生持续建构的阶梯式教学。

"阶梯"的原意是指台阶和梯子，人们常常用以比喻向上、进步的凭借或途径。单纯依靠我们的经验就知道，阶梯所具有的基本特征便是它的层次性。借用到教学之中，所谓阶梯式教学，就是指教师基于学生学习与发展的现实水平，将教学活动整合设计成具有层次性的学习阶梯序列，以引导学生不断提升学习与发展水平的教学模式。

单从学生的思维建构过程来看，当下课堂教学普遍存在三大问题：①缺乏连续性，即强制性地中断学生的思维建构，致使学生的思维建构没能在一个连续、完整的过程中充分展开；②缺乏纵深性，即不自觉地将学生的思维建构限定在一个水平线上，致使学生的思维建构没能向尽可能高深远的层次推进；③缺乏挑战性，即习惯性地低估了学生思维建构的能力和潜力，未能更有效地挑战和挖掘学生的学习与发展潜力。正是出于对这三大课堂教学问题的反思，我们才格外强调采取阶梯式教学来实现课堂教学过程的连续性、纵深性与挑战性。

1. 阶梯式教学理念

基于知识、学习与发展所具有的层次性，可以从以下方面提炼和归纳阶梯式教学背后所蕴含的理念与思想。

（1）知识即由知到识。按照一般的理解，知识是人们对事物的一切认识成果，这是一种广义的理解。从词源上讲，"知"作为动词是指知道，作为名词是指知道的事物。"知道"等同于晓得、了解之义。但在古人看来，所谓"知道"是通晓天地之道，深明人事之理，此所谓"闻一言以贯万物，谓之知道"。"识"包括辨认、识别等意思。如果说"知"主要是指认识层面的通晓世道和深明事理，那么"识"则将人的认识拓展到实践的层面，与人的分析判断与实际问题的解决密切相关。由此观之，"知识"不是简单的晓得、了解，唯有达到事物之深层道理的把握，并付诸实际问题的解决，方能叫作知识。我们强调阶梯式教学，就是要引导学生超越知识的表层，把握事物背后所蕴含的深刻道理，以穷其事理，尽其奥妙，最终使自己能做到慎思敏行。这就是阶梯式教学坚持的第一个观点：知识即由知到识。

（2）教学即持续助推。教学，始终都要为学生的发展开路，始终都要走在学生发展的前面，始终都要给学生创造不断学习与发展的台阶，始终不断地帮助和推进学生的发展变化。作为学生学习与发展的助推者，教师始终要做的最重要的事情，便是给学生提供动力、提供机会、提供方法和提供支架，全力助推学生向更有深度的学习和更高水平的发展迈进。这就是阶梯式教学坚持的第四个观点：教学即持续助推。

2. 阶梯性活动设计

（1）从学习过程到形成概率水平。从知识的五个层次可以看出学生学习的过程一般都是从概念的形成，慢慢地形成自己的思想，最后形成自己的知识结构。这是阶梯性活动设计的第一个办法：学习过程—形成概念—形成办法—形成思想—找到价值。

（2）从开始认识到悟性认识。我们可以根据学生的思想层次发展看出他们的认识发展都是要经过开始认识然后到悟性认识，最终构建自己的知识框架。这是阶梯性活动设计的第二个办法：开始认识—理性认识—悟性认识。最初，开始认识就是学生最开始只能看出事物的一些表面现象，对其只能达到最初步的认识。慢慢地学生通过学习，将没有关系的对象进行联系与结合，找到其中的相似点，对事物的规律现象有进一步的认识。而理性认识就是学生可以看出事物的本质特征，而且已经有了自己的判断能力和认知能力。悟性认识就是学生在前面几个过程的历练中，可以有自己的思维模式和解决问题的办法。

（3）从个案学习到活化学习。根据范例教学论的基本观点，学生的知识学习需要经历一个从个别到一般、从具体到抽象、从客观世界到主观世界逐渐深化的过程。鉴于此，施腾策尔将教学过程分成四个环节：①范例性地阐明"个"的阶段；②范例性地阐明"类"的阶段；③范例性地掌握规律和范畴的阶段；④范例性地获得关于世界和生活经验的阶段。

（4）从独立学习到挑战学习。根据学生的发展状态，学生的发展需要经历一个从已有水平到现实水平，最后到可能水平的变化过程。相应地，可以将学生的课堂学习分为独立学习、协作学习、集体学习与挑战学习四个层次。

3. 阶梯性活动支架

阶梯性活动就是给学生提供一个学习的模式场所，依靠这种场所，学生的学习能力能不断地提升。就像建筑工程里面的房子结构要用支架来支撑，学习和发展也需要支撑。所以，我们必须给学生提供学习发展和提升的平台与支架。

在建筑工程中，"支架"是一个专业词汇，是一个构架的支撑点。在教学中，"支架"则变成了提升学生水平和能力的一个平台。我们可以根据现有的资源，将支架归为两种类型：主导型支架和支持型支架。所谓主导型支架就是教师采用科学的办法来督促学生学习；支持型支架是对于学生在学习过程中所产生的一些需要，教师能起到支持和帮助的作用。

（1）主导型支架的设计。根据教学的实际经验，教师可以采用"以追问促探究""以交流促理解""以概括促整合"和"以实践促反思"四个方法，来设计主导型支架以促进学生的阶梯性学习。

第一，"以追问促探究"。例如，在教《等腰三角形的性质》一课时，多数学生能够猜出等腰三角形的两底角相等，教师可以追问：等腰三角形的两底角真的相等吗？为什么？

第二，"以交流促理解"。例如，在教《等腰三角形的性质》一课时，教师可以引导学生围绕"如何探究等腰三角形的基本性质"这个问题展开交流，以促进学生对等腰三角形基本性质的理解。

第三，"以概括促整合"。例如，在教《数列》一课时，教师可以引导学生在学习数列的定义、类型及特征等方面的基础上，概括出数列的本质，以促进学生对数列相关知识的整合。

第四，"以实践促反思"。例如，在教《等腰三角形的性质》一课时，教师可以引导学生利用直尺等工具构造出一个等腰三角形，以促进学生反过来思考等腰三角形的基本性质。

（2）支持型支架的设计。根据学生学习的实际需要，促进学生阶梯性学习的支持型支架常常包括问题、情境、概念、图表、模型、案例等工具和手段。

（四）理解性教学

教学过程中不应该只看到其"功利"和"实用"的价值，这样很难和学生之间建立起教学的桥梁。这种课堂下的学生对学习会毫无动力，他们也不能认识到学习的意义，所以学生也就很难找到自己的人生价值和发现自身的精神世界。我们必须通过深度教学来解决这些存在的问题，这样才是具有构建意义的教学。此外，学生能通过理解来找到建构意义的根本，因为建构意义就是围绕着理解展开的。这就形成了深度教学的第四个特点：通过建构意义来展开理解性教学。

1. 理解性教学的现实意义

（1）理解性教学意义的组成。教师在教学过程中应该指引学生组建意义。但是很长一段时间，在课堂中占据主要地位的是知识，这种环境其实阻碍了知识引导对学生内心世界发展的根本意义。我们应该重新认识课堂环境下知识所存在的意义以改变这种现状。换言之，剖析知识的意义，我们可以从两个方面出发：一是有用的知识，知识有很多用处；二是无用的知识。课堂知识是一种权威的存在，可以在一定程度上实现学生心灵的发展，所以它具有价值意义。换言之，课堂上的教学并不是简单的知识累积，它更深层次的要求在于以知识积累为基础，去实现学生的心灵意义，丰富学生的内心世界，让学生能够找到自己存在的价值。所以，我们在实践的过程中，应该认识到知识和生命的关系，从而掌握"意义构建"的全部意义。

根据意义的三重内涵（事实维度、价值维度与精神维度），可以将课堂条件下学生建构起来的意义体系区分为两个层次：①知识层次的意义，即借助知识学习而获得的关于世界和事物的意义；②生命层次的意义，即经由知识学习而获得的自我的生命意义。

总而言之，意义的现实缘由围绕着"成物"和"成己"来展开，也是意义组成的过程。详细来说，就是人内心深处都具有向往性，才能对这个世界有所认识和完善。在认识和完善的过程中，离不开心智和心事两大载体的依托，这样一来能对事物有准确的掌握，并且从价值意义出发发现事物的本质特征，从而认识到世界和事物的存在价值。但是，人在认识世界的同时也存在于整个世界，在完善世界的过程中也在不断地寻找着自我。在寻找自我的过程中，人们发现自我并不断地追求自我价值，由此慢慢找到生命存在的意义，这个过程我们可以认为是"内求成己"。

（2）意义的心理暗示：理解。意义对人为什么存在作出了解答，而理解则是对人存在的方式给出了答案。我们可以从心理机制出发，理解就是意义在内心深处慢慢建立的根本存在。理解其实是一种心理活动，也就是通过表面看清事物的意义的过程，也是慢慢剖析人们心理的一种结果。但不管是在外部环境还是自我的价值上，理解只会通过学生的内心在心智和心事不断结合的过程中完成组建。所以理解其实就是掌握一种事物的深刻意义，我们也可以将理解看作很多方向不断循环的过程。

不过所有的理解都是建立在先前理解的基础上，先前理解可以看作理解的出发点和源头。简单而言，先前理解有三个因素：一是本体先发所具备的心理框架；二是主体先发所理解的心理内涵；三是主体先行的思维模式。这些所谓的心理因素，会在一定程度上制约学生对于个体意义的认识。另外，所有的理解都要经过很多对话和不断融合之后才能慢慢有结果。先前理解会对个体对现在的理解有一定的影响，例如个体容易在理解的过程中以自己的视角去看待事物的意义，这样一来就会产生理解偏差。所以，个体要学会多角度地看待事物，看到事物的价值、历史与现在、事物与本身以及不同个体之间的观念结合，从而不断地改善和进步，最终达到对事物的真正理解。我们可以将理解看作人本身的一种理解。这种理解是其他人不能代替的，理解终究是自我理解。所有的理解和理解当中的意义都要通过自己的生命体验去获得，这是一种具有很强的个性特征的过程，所以理解就是感受到我们所能感受到的事物。换个角度就是，我们自己真正能感受到的事物才是真正被理解的。所以，通过先前理解—理解—个体理解这三个方面的逻辑思维，心灵才能在理解事物的同时又理解自我，在掌握事物意义的同时明白生命的真谛。

（3）意义组建的方式：感受。前面所说的外求成物到内求成己，还是先前理解到个体理解，这些方面都离不开感受的作用。感受就是意义在内心可以建造的根本。从深层次上说，感受在构建意义当中的重要作用其实离不开它本身拥有的包容性，表现为事物与个体的结合、知识和生命的结合、个体与他人的结合以及个体和多种精神需求之间的结合。

最初，感受将外部环境和学生个体结合起来，为学生开创出了一条由表及里的理解途径，在理解事物的基础上还理解着个体、组建事物意义的基础上也组建着自己的意义。然后，感受能让学生将自己的生活体验和对生命的认识和课程里的知识结合起来。在感受的维度里，客观的事物都是具有生命力的，拥有生命的意义和情调。由于感受世界让学生不止满足于课堂上的知识范畴，他们会自己主动地追求生命的价值和意义。最终，感受可以使学生理解师生之间的关系和情感等，让构建意义的对话式教学具备实现的可能性。另外，感受本身就是从本体的生活体验和精神世界出发，在此基础上建造知识的价值和自我的价值，这些建造起来的意义可以和本体的意义相结合。这样一来，学生内心的精神世界和意义建造才能得以不断发展。

2. 理解性教学的具体构建

作为人类特有的一种心理活动，理解不仅是学生内化知识的关键环节和形成能力的重要基础，而且还是学生意义建构的基本机制。正是通过理解，学生不仅认识和建构知识的意义，同时认识和建构着自我的生命意义。如果说深度教学是引导学生建构意义的教学，那么引导学生建构意义的教学又必定是理解性教学。展开理解性教学要从以下方面，对引导学生建构意义的理解性教学模式进行实际的运用。

（1）理解性教学的教材分析：把握学科知识的深层意义。理解性教学首先要求教师能够超越教材的表层，把握住教材知识背后所蕴含的深层意义。为此，教师可以从五个方面来分析教材：①知识的产生与来源；②事物的本质与规律；③学科的方法与思想；④知识的关系与结构；⑤知识的作用与价值。

（2）理解性教学的学情分析：把握学生的前理解。在理解性教学中，教师分析学情的重点是准确把握学生的前理解。为此，教师可以从三个方面来分析：①学生的经历与见识；②意识与观念；③思路与方法。

（3）理解性教学的目标确定：一核三维。理解性教学的目标确定可以采取"一核三维"的操作模式：①"一核"，即确定理解的核心目标。理解性教学的核心目标是引导学生建构知识的意义与自我的意义。以此为基础，引导学生分别从学科兴趣、专业理想、思想观念、社会责任等方面认识和反思自己，从知识学习中建构和获得自己的生活意义与生命价值。②"三维"，即确定理解的三大任务。

（4）理解性教学内容的选择：从了解到理解。为了引导学生深刻、丰富而又完整地理解知识，最终建构起知识的意义与自我的意义，教师需要根据其重要性程度将教学内容分为三个层次：①学生只需了解的内容，如人工取火的各种方法；②学生必须记忆的内容、基本要领等；③学生重点理解的内容，包括三个基本条件之间的内在关系。

（5）理解性教学的过程设计：从前理解到自我理解。根据理解的基本心理逻辑，理解性教学包括前理解、协作理解和自我理解三个基本环节。在前理解阶段，教师创设问题情境，让学生基于自己的已有经验进行尝试性的理解。在可能的情况下，教师还可以引导学生对自己的科学兴趣、专业理想、科学精神、科学态度和社会责任等方面进行反思和认识。

（6）理解性教学的策略选用：循环式教学。正如前文所述，理解的关键在于双向循环过程的展开。为了促进学生的协作理解与自我理解，最终建构知识的意义与自我的生命意义，教师需要尽可能地引导学生展开多种双向循环的认识过程。在数学教学中，教师可以采取体验—思考、提取—整合、诠释—生成、交流—反思四个教学策略。①体验—思考策略是让学生作为一个体验与思考者，引导学生在已有生活经验和实验观察的基础上，深入思考实验设计的根据与思路、实验探究的思想与方法以及燃烧的基本条件及其内在关系；②提取—整合策略是让学生作为一个提取与整合者，引导学生从实验中提取关键的信息与证据，最终整合建构出燃烧的基本条件和燃烧的基本原理；③诠释—生成策略是让学生作为一个诠释与生成者，引导学生诠释蕴含于燃烧条件探究过程中的科学精神、科学方法、科学思想与社会责任，鼓励学生生成自己的问题、观点与见解等；④交流—反思策略是让学生作为一个交流与反思者，引导学生在与师生的交流过程中，反思和调整自己的认知结构和思维方式。

二、高中数学深度教学的操作框架

深度教学的操作框架可以归纳为：一个终极价值；两个前端分析；四个转化设计；四个导学模式。其中，价值导向是深度教学的核心价值，分析、设计与引导是深度教学的三个实践环节，分析与设计之间、设计与引导之间以及引导与分析之间则形成双向生成的互动关系。

（一）一个终极价值

一个终极价值是指促进学生的意义建构与持续发展，人是意义的追寻者和存在物，是意义的社会存在物。人在意义中存在，在存在中发展，在发展中不断提升意义。正是意义，成为人的存在之本和发展之源。凡是有点深度的教学，都必须立足于学生作为人的这种本质规定性，引导和促进学生的意义建构与持续发展。这是深度教学的核心价值和终极追求。

所谓"意义建构"是指学习者根据自己的经验背景，对外部信息进行主动的选择、加工和处理，从而获得自己的意义，获得基于自身的而非他人灌输的、对事物的理解。"意义"大致包含三种含义：①语言文字或其他符号所表示的内涵和内容；②事物背后所包含的思想和道理；③事物所具有的价值和作用。具体而言，深度教学条件下学生要建构的意义主要包括以下两个层次。

（1）知识层次的意义。知识层次的意义主要涉及知识的产生与来源、事物的本质与规律、学科的思想与方法、知识的关系与结构以及知识的作用与价值。

（2）生命层次的意义。人的生命的核心是精神生命，所谓人的生命意义其实就是人的精神意义。这即是说，生命层次的意义其实就是学生的精神意义，在教学条件下学生的精神意义主要包括五个方面：需要与兴趣；愿望与理想；意识与思想；情感与精神；价值与信仰。

（二）两个前端分析

两个前端分析是指学科教材与学生学情的深度分析，学科教材的分析状况在很大程度上决定着学科教学内容的深度，学生学情的分析状况又在很大程度上影响着学生学习过程的质量。学科教材与学生学情的深度分析是深度教学的两个前提。

学科教材的深度分析主要表现在四个方面：①深刻性，即超越学科教材的表层，深刻把握学科教材的本质与内核；②完整性，即超越学科教材的"双基"，能够从多个维度把握学科教材的完整内涵；③反思性，即超越学科教材的具体性知识，反过来领会具体性知识背后的本体性知识；④整体性，即超越学科教材的局部认知，善于从整体上把握学科教材的基本结构。

学生学情的深度分析要从三个方面着手：①前理解。深入分析学生的先见、先知和先验，从中定位学生学习的关节点和困难处。②内源性。深入分析学生的兴趣、情感和思维需要，从中定位学生兴趣的引发处、情感的共鸣处和思维的迸发处。③发展区。深入分析学生的最近发展区，从中定位学生学习与发展的层次序列。

（三）四个转化设计

四个转化设计是指从目标的内容化到活动的串行化，从实质上讲，教学结构其实是学科教材结构和学生心理结构的深层转换，而学生的学习与发展状况其实取决于教学结构的状况。换言之，教学设计必须抓住教学实践中的若干关键转化环节，做好转化设计。基于学科教材和学生学情的深度分析，深度教学需要做好四个转化设计：目标的内容化、内容的问题化、问题的活动化与活动的串行化。

1. 目标的内容化

在做好学科教材和学生学情两个前端分析之后，教师首先需要做的是深度教学的目标设计。深度教学的目标可以从两个方面加以考虑：①体现终极价值。深度教学的目标设计始终都要将促进学生的意义建构与持续发展作为终极价值追求，其中的关键是确定学生意义建构的内容和程度。②聚焦核心素养。深度教学的目标设计要对着重培养学生的核心素养加以明确的定位。

2. 内容的问题化

教学内容，在没有与学生发生关联之前，它就是一种外在于学生的客观存在。如果教学内容始终不能与学生发生某种实质性的关联，课堂就不可能产生任何有深度的教学。将外在的教学内容与学生的主观世界沟通起来，其中一种有效的实践方式就是学科问题的设计，即教学内容的问题化。在这里，学科问题具有多重深度教学的价值与作用：①学科问题是学科与学生的关联器，它能够沟通学科教学内容与学生内心世界之间的联系，从而为学生的深度建构提供认识上的前提。②学科问题是触及学生心灵深处的触发器，它能够不断激发学生的兴趣、情感和思维。③学科问题是促进学生持续建构的维持器，它能够在很大程度上促进学生不断的建构。因此，如何将精选出来的教学内容转化设计成恰当的学科问题，成为深度教学的第二个设计任务。

3. 问题的活动化

如果说学科问题是沟通学科教学内容与学生内心世界的关联器，是触及学生心灵深处的触发器，是促进学生持续建构的维持器，那么这三个方面的价值和作用最终还需要借助活动这个机制才能实现。在这里，问题与活动构成了一种双向建构和相互支持的关系：一方面，问题为活动提供了目标、内容上的依据和动机上的支持；另一方面，活动又为问题的提出与探究提供了平台。不仅如此，活动不仅是教学的基本实现单位，而且还是学生学习与发展的实现机制。在深度教学中，学生正是在问题的导引下，通过活动这个平台和机制，不断展开对学科本质和自我意义的建构。"问题—活动"乃是深度教学条件下学生学习与发展的双重心理机制。这意味着，如何依据学科问题，科学合理地设计学科学习活动，是深度教学实践中教师需要做好的第三个转化设计。

4. 活动的串行化

为了引导学生持续的建构，不断地提升学生学习与发展的水平，教师在深度教学实践中需要做好第四个设计，即活动的串行化设计。所谓序列，是按照某种标准而作出的排列。在深度教学中，活动的串行化设计主要遵循四个标准：①顺序性。根据学生的认知特点与思维顺序，考虑活动的先后顺序，做到各种活动的切换自然得体。②主导性。抓住学生学习的关节点和困难处，准确定位学生学习的主导活动，做到关节点和困难处的学习突破。③层次性。根据学生的最近发展区，依次设计不同的学习阶梯，促进学生渐次提升学习与发展的水平。④整合性。根据教学的核心目标，优化组合各种类型的教学活动及其要素，发挥教学对于学生发展的整体效应。

（四）四个导学模式

四个导学模式是指从反思性教学到理解性教学，深度教学的反思性、交融性、层次性与意义性决定了深度教学的四个基本导学模式：①反思性教学是教师引导学生通过间接认识、反向思考和自我反省等认知方式，达到对学科本质的深入把握和对自我的清晰认识；②对话式教学是教师为了引导学生完整深刻地把握课程文本意义，按照民主平等原则，围绕特定话题（主题或问题）而组织的师生之间、生生之间和师生与文本之间的一种多元交流活动；③阶梯式教学是教师根据学生的最近发展区，借助学习阶梯和支架的设计，不断挑战学生的学习潜能，逐渐提升学生的学习与发展水平；④理解性教学旨在营造一种以意义建构为目的的学习环境，以学生的前理解为基础，引导学生通过多向交流，达到对知识意义与自我意义的真正理解，进而提升自己的生命价值。

作为深度教学的四个基本导学模式，反思性教学、对话式教学、阶梯式教学与理解性教学都是为了促进学生的持久学习，都是以促进学生的意义建构与持续发展作为核心价值和共同目标。四者之间相互联系，相互支持，共同构成深度教学的实践体系。对于深度教学的这四个基本导学模式，教师需要从整体上加以理解，并在实践中加以综合灵活地运用。

深度教学的实现与否取决于教师四个方面的实践智慧：①分析力，即学科教材和学生学情的深度分析；②设计力，即目标的内容化、内容的问题化、问题的活动化与活动的串行化设计；③引导力，即反思性教学、对话式教学、阶梯式教学与理解性教学四个导学模式及其策略的运用；④认识力，即对生命与智慧、学科与教材、知识与能力以及学习与发展四大课堂原点问题的深入认识。

第三节　高中数学教学中的双导双学模式

一、高中数学双导双学教学模式的提出背景

双导双学课堂教学模式研究的提出，基于两大背景：一是解决课堂教学中存在的问题；二是顺应培育学生核心素养的时代要求。随着教育教学改革的深入，教师的教学理念不断更新。但是，课堂教学仍然存在诸多弊端，许多问题必须解决但长期以来没有得到解决，或者一直解决不好。

（一）为解决学生被动学习的问题

在一些课堂教学中，学生的主体地位还未得到真正确立，主体作用没能得到充分发挥。学生的学习主动性差，学习积极性不高，并在学习中依赖教师，这极不利于学生的后续学习和终身持续发展。于是，我们开始了创建"双导双学"教学模式的研究，意在通过

课题研究，通过在教学实践中对学生的引导，培养学生独立学习的能力。具体而言，就是学生学习某个学科课程无须教师教就知道自己该学习哪些内容，采用哪些方法学习，达到什么目标等。

（二）针对教师目标不明确的问题

在教学实践中，存在两个弊端：一个是许多教师教学目标意识薄弱，课堂教学没有明确、集中的教学目标，导致教学针对性差，课堂教学仿佛是脚踩西瓜皮，滑到哪里算哪里；二是没有明确的教学目标，造成有的教师在课堂教学中随意性大，觉得这也该教，学生那也该学，因而不断给自己和学生加码，使教师教得很累，学生学得很苦，厌教厌学情绪突出。

二、高中数学双导双学教学模式的运用思想

（一）双导双学教学模式的目标作用

教学，先要解决方向，即教学目标问题。瞄准教学目标，开启我们的教学之旅，是教学的起点；通过实施教学的各个环节，达成教学目标，是教学的归宿。教学目标的重要性不言而喻。教学目标有以下四个作用。

（1）"指挥棒"作用。教学目标是教学活动的"第一要素"，对教学有"指挥棒"作用，指导和支配整个教学活动。教学活动追求什么目的，要达到什么结果，都会受到教学目标的指导和制约，教学过程也围绕教学目标而展开。如果教学目标正确、合理，就会实施有效的教学，否则就会导致无效的教学。

（2）"控制器"作用。教学目标一经确定，就对教学活动起着"控制器"作用：一是表现为约束教师和学生，让教和学凝聚在一起，完成共同的教学目标；二是表现为总体目标制约各个子目标，如高层次教学目标制约低层次教学目标，低层次教学目标必须与高层次教学目标一致。

（3）"催化剂"作用。现在提倡三维教学目标的整合，其中情感态度价值观目标可以激发学生的学习动力，对学习起"催化"作用。教师制定教学目标时，一定要研究学生的兴趣、动机、意志，在分析非智力因素上做出努力，这样制定教学目标才会对学生产生激励作用，让学生产生要达到学习目标的强烈愿望。

（4）"标杆尺"作用。教学目标作为预先规定的教学结果，自然是测量、检查、评价教学活动的"标杆尺"。教学是包括钻研教材、设计教学、组织实施、反馈评价等环节的系列活动，而评价是其中重要教学环节，它既是教学活动一个周期的终结，

又是下一个周期的开始。教学评价主要是检测教学设计时预定的结果是否实现以及实现的程度如何，以便获得调整教学的反馈信息，教学目标的"标杆尺"作用相当重要，必须用好。

（二）双导双学教学模式的终极追求

方向问题解决之后，路径与工具又成了教学的主要矛盾。要让学生掌握方法，在以后相似的学习情境中运用方法，这就是"会学"，即学会学习。"会学"较之"学会"层次更高，意义更重大。"学会"是适应性学习，重在接受、积累知识，解决当前问题；学会学习不仅关注学生学会什么，更关注学生怎么学，比"学会"更具基础性、工具性，有助于其后续学习。"会学"是创新性学习，重在掌握方法，主动探求知识，目的在于提出新问题，解决新问题。

中国基础教育课程改革提出了六个方面的具体目标，即改变五个"过于"，一个"过分"。首要的目标即为改变课程过于注重知识传授的倾向，强调形成积极主动的学习态度，使获得基础知识和基本技能的过程同时成为学会学习和形成正确价值观的过程。这一目标，意在解决课程功能、价值取向问题。课程功能的改革强调了要从单纯注重传授知识转变为体现引导学生学会学习，学会生存，学会做人。知识是重要的，专注于知识传授并没有错。但凡事有"度"，不能"过于""过度"。要把握好"度"，就应该了解知识的类型结构。知识分三种：第一，陈述性知识（讲述事实、结果的知识），解决是什么的问题；第二，程序性知识（讲述方法、过程的知识），解决怎么做的问题；第三，条件性知识，解决何时做的问题。

三、高中数学双导双学教学模式的内容分析

教学模式，就是从教学的整体出发，根据教学的规律、原则而归纳提炼出的，包括教学形式和方法在内的，具有典型性、稳定性、易学性的教学样式。从静态看，教学模式是一种教学结构；从动态看，它是一种教学程序。教学模式反映教学的共性、规范性，是教学实践的提炼与固化。

"双导"，即教师在课堂教学中充分发挥主导作用，引导学生明确学习目标，在学习目标的引领下，指导学生掌握一定的学习方法，达到教学的有效直至高效。在本教学模式的实施中，教师需做两件事：第一，"双导"。导标：指导学生明确学习目标；导法：指导学生掌握学习方法。第二，加强良好习惯的培养，建设优良的班风、学风，对学生进行"核心素养"中"必备品格"的培育。

"双学"，即学生在教师"双导"（即导标、导法）的引领下，在课堂中运用相应的学

习方法，直指目标，充分自主学习，达成目标，学会学习，形成良好的学习习惯。在本教学模式的实施中，学生也需做两件事：第一，"双学"。自主学习：直指目标，自主学习，达成目标；学会学习：运用方法，掌握方法，学会学习。第二，形成良好习惯、良好品格，助推学习成功。适度的小组合作学习训练渗透其中。

"双导双学"课堂教学模式是基于教师"双导"、学生"双学"的课堂教学模式，在课堂教学中充分发挥学生的主动性，通过教师的"导标""导法"，学生通过直指目标的"自主学习"，达到学会的目的；通过掌握学习方法，达到"会学"的目的，从而达到培养学生"学会学习"的学科核心素养的课堂教学模式。

"双导双学"教学模式以教学目标的达成为主线，以教师引导学生实践为过程，以学生达成学习目标和学会学习为取向，从而增强课堂教学的针对性，实现学生学习的自主性，落实教师的主导性，提高课堂教学的实效性，保证学生学习能力的培育，使之在未来学习、终身学习中可持续发展。教师"双导"与学生"双学"在教学过程中紧密交融，构成"师—生""生—师""生—生"多元互动的开放系统，形成一个完整的学习网状结构，师生成为一个有效互动的学习共同体。

教师在课堂教学中实施"双导"，学生课堂学习中实践"双学"，学生充分的自主学习、适当的探究学习和有效的合作学习，不仅要达成学习目标，做到"学会"，更要掌握方法，做到"会学"。这就是"双导""双学"教学模式的基本内容。

四、高中数学双导双学教学模式遵循的原则

第一，目标指向原则。课堂教学必须以目标为导向，始终指向学习目标，不能游离于目标之外，更不能偏离目标。换言之，教学全过程的各个教学板块的实施，是达成目标的重要组成部分，为达成目标服务。

第二，师生互动原则。"达成目标"和"掌握方法"是本模式的两个关键概念：一要做到"师生"互动，教师把引导目标和指点方法贯穿学生学习的全过程，学生在充分的学习实践活动中，始终瞄准目标学习，运用恰当的方法学习；二要落实"生生"互动，在学生充分自主学习的前提下，要组织学生有效地进行合作学习，在交流中互相启发，甚至"生教生"，智慧共享，共同进步。

第三，反馈矫正原则。反馈矫正有两个方面的内容：一是本节课的学习内容学生是否学会，是否达成目标，这要通过多种形式，及时地当堂检测加以验证，并进行及时的矫正、补救；二是本节课主要的学习方法学生是否掌握，要做到适时点拨，强化总结。

第四，能力为重原则。教师的最终目标是让学生学会学习。在各学科的教学中，落实让学生"知道学的内容""知道怎么学"，形成学习能力，并把这种能力迁移到课外，在

没有老师指点引导的情形下也能自学，逐步实现无须教师教也能学习的理想境界，是本模式的追求。在实施本教学模式时，一定要做到教师逐步放手。如"教师引导学习目标"的环节，开始的一两周，教师引导为主，然后就要注重与学生互动研讨，逐步培养学生能够根据教材特点、教学内容，确定学习目标，选择学习方法的能力。

第五，因材施教原则。所谓因材施教，是根据学生年龄段特点（主要是学生的知识水平与接受能力），既落实上述教学思想，遵循模式框架，又灵活操作。如一课时中有几个教学目标的，低年级可以一个目标达成后，再进行第二个目标；高年级则可以在学生扣住目标自学后，再集中检测达标情况。

五、高中数学双导双学教学模式的操作流程

第一环节：教师"引导学习目标"，学生"明确学习目标"。时间5分钟以内。①辅助环节：或创设情境，或开门见山，引出新课，板书课题。时间1分钟左右。②根据教学内容，师生合作互动，明确学习目标（开始的一两周时间，教师为主；然后逐步放手，引导学生主动明确目标）。时间3分钟左右。

第二环节：教师"引导学习，点拨方法"，学生"自主学习，运用方法"。时间约15分钟。①根据制定的学习目标，教师点拨主要的学习方法。时间2分钟左右。②学生运用方法，开始自主学习。时间8分钟左右。③学生小组合作学习：主要是交流自主学习的成果，然后推选代表全班交流。时间5分钟左右。

第三环节：教师"检测目标，强化方法"，学生"达成目标，掌握方法"。时间约20分钟左右。①教师组织各小组全班交流，进行相应的点拨、更正、完善。时间5分钟左右。②检测达标情况。检测的方式分口头（如数学展示思维过程的口述等）与书面（各种书面作业）。及时反馈，对不达标的知识点、能力点进行补救；对错误之处进行矫正。时间12分钟左右。③学生回顾本节课的学习收获，师生共同总结学习方法。时间3分钟左右。

第四节　高中数学教学中的微课教学模式

高中数学和其他学科不同，它不仅包括许多抽象的数学概念和数学规律，而且还有许多逻辑性很强的数学题目，因此它对学生的学习能力提出了更高的要求。"微课教学是一种新兴的教学模式，它打破了传统的教学模式，使学生成为课堂的主体，有利于实现提高

全体学生核心素养的教学目的。"①

微课是新课程改革的一项成果，它是从"翻转课堂教学模式"中挖掘出来的。微课的意思就是微小的课程，一节微课大约也就是5~10分钟，时间很短，因此这也就要求教师需要将教材中的重难点提取出来。微课可以压缩课程的容量，可以在短时间内教授给学生基本的理论知识，从而达到提高教学效率的目的。另外，微课具有目标明确、针对性强、连贯性强的特点。我国对微课的基本认识就是学生可以利用移动终端随时随地进行学习，从而学生可以实现移动学习、远程学习和在线学习。

一、高中数学教学中微课教学模式的运用优势

第一，调动学生积极性，活跃课堂气氛。传统的高中数学课堂基本是以教师的讲解为主，如果教师的语言不够幽默，那么学生的学习兴趣很难得到激发，并且高中数学具有一定的难度，学生在课堂学习过程中很容易产生厌倦的心理和走神的现象。微课是由许多短小的视频构成的，因为微课的内容具有很强的画面感，所以将微课运用于教学中可以调动学生的积极性，活跃课堂的气氛。

第二，充分发挥学生的主体作用。学生是课堂的主人，教师只有尊重学生的主体性，才能实现学生的有效学习和提高自身的教学质量。新课程改革以后，学生成为课堂的主体，而教师成为课堂的主导者，为了充分发挥学生的主体作用，教师可以将微课运用到教学过程中。高中数学教师可以通过让学生观看微课视频来自主学习、自主研究以及自主复习，从而提高学生的学习效率。

第三，提高课堂效率和教学质量。高中数学教师在教学过程中不仅要教授学生基本的理论知识，还要帮助学生掌握学习的方法，树立正确的人生观和价值观。传统的高中数学教学模式只能起到教授学生基本知识的作用，不能很好地教授学生学习的方法，而微课教学模式就可以解决这一问题。教师在教学前可以根据所要讲的内容将多种解题思路以及学习方法融入微课中，学生通过观看视频可以丰富自身的思维方式，掌握更高效的学习方法，从而达到提高教学质量的目的。

二、高中数学教学中微课教学模式的应用策略

（一）微课直观性可以辅助教师教学

微课视频内容丰富、短小精悍，并且将理论知识和生活实际紧密结合起来，而高中数

---

①王红艳. 在高中数学教学中运用微课的策略［J］. 数学大世界（中旬），2020（2）：16.

学具有很强的逻辑性和抽象性，因此高中数学教师可以运用微课的直观性提高讲课效率，例如教师可以利用微课创设教学情境、整合易错知识点等。函数是非常重要的知识，而学生想要灵活掌握和运用函数就必须掌握函数的图像，传统教学中教师很难画出准确的函数图像，而将微课应用到"函数图像"教学中，可以帮助教师将各种各样的函数图像以及图像的变化过程准确地呈现给学生，从而使学生对各种函数的概念和性质理解得更加透彻。

（二）微课灵活性可以帮助学生学习

微课具有很强的灵活性，学生可以在课后随时随地学习，从而有利于实现学生的自主学习。高中数学和其他学科相比具有一定的深度，如果只依靠课堂上的学习，那么学生是很难将数学学好的，因此学生必须在课后进行深度的复习和总结。将微课运用到高中数学中，学生可以在课后通过观看微课来查漏补缺，从而不仅满足了不同学生的需求，而且很大程度地提高了学生的学习效率。例如有学生对不等式这部分知识理解得不够深刻，那么就可以通过课后观看不等式这部分的微课来完善脑海中的知识体系，又如有的学生在上课的时候没有听懂双曲线这部分内容，那么学生可以在课后通过观看双曲线这部分的微课来加深对双曲线的理解。

（三）微课重复性可以提升复习效率

高中复习是一个非常重要的过程，如果学生不能进行有效的复习，那么将会直接影响到学习成绩。传统的高中数学复习模式是老师一遍遍地讲解，这样的复习模式不仅会使教师身心疲惫，而且学生的复习效率也不高。将微课应用到高中复习过程中，可以有效地提高学生的复习效率，例如教师可以建立一个班级学生微信群，将复习的微课视频或者重点习题讲解的视频发到群里，这样学生就可以随时随地反复复习，从而很大程度地缓解了教师的教学压力，提高了复习效率。

综上所述，将微课运用到高中数学教学过程中，不仅可以激发学生的学习兴趣，而且有利于提高教师的教学质量，培养学生的核心素养。高中数学教师在设计微课视频的时候，不仅要根据教材课程标准和考试大纲的要求突出教学的重难点，而且还要遵循学生身心发展的规律，化难为简，从而使微课更好地为高中数学教学服务。

第五章　大数据视域下高中数学课堂精准教学

第一节　大数据视域下高中数学问题驱动型课堂

一、高中数学课堂教学的问题驱动认知

（一）高中数学课堂教学的"问题"类型

按功能进行分类，高中数学课堂常见的"问题"有以下几个方面。

1. 铺垫性问题

在一节数学课或课中某个教学环节的开始，有时需要设置一些铺垫性问题，具体如下：

（1）回顾性问题。回顾已学的知识或方法，为新知识或新方法的出现做好铺垫。

（2）情境性问题。为了配合情境的创设而提出的一些问题，它不同于情境创设之后提出的让学生充分思考与探究的问题，所以归属于铺垫性问题。

（3）过渡性问题。在课题引入，或不同内容、不同教学环节之间进行衔接时，为了实现自然过渡而提出的问题。过渡性问题虽然没有多少思维量，但往往也不可缺少，可使得课堂教学更加自然流畅。

2. 统领性问题

在课题引入之前或之后，可设置统领性问题，以明确后面研究的思想、方向、内容或方法等。

（1）总起性问题。在课本中每一小节的情境之后通常有一个前面带圆点的问题，这个问题可认为是本小节的总起性问题。这些问题，开始学生往往是难以回答的，也正因为如此，它留下了悬念，可以激发起学生进一步探究的兴趣，会有看个究竟的冲动。而当整节课结束时，这个总起性问题会自然得到解决，学生也会从该问题的内涵及解决过程中领悟到本节课的要义所在。

（2）思想性问题。有时，也可以直接提出有关研究思想与方法的问题，起到承上启下的指导作用。

3. 探究性问题

新课程强调要让学生经历知识的形成过程，所以在生成数学概念、定理、性质、法则、公式等新知识的过程中，通常宜设置一些探究性问题。

（1）概括性问题。在一些可见的实例后，可设置概括性问题，以抽象出新的数学概念。

（2）发现性问题。在问题情境或一些数学事实后，可设置发现性问题，让学生自己发现相关数学结论。

（3）直接性问题。有时可针对课上的一些知识性目标，将其直接设置为问题，让学生探究。

（4）类比性问题。在数学概念或数学结论生成时，有时可依据类似的知识或方法来设置类比性问题让学生探究。

（5）领悟性问题。在问题情境后，可设置领悟性问题让学生探究，以感悟其包含的深刻内涵，并自然生成新知。

（6）递进性问题。有时可针对一个新知识来设置一组问题，这些问题相互关联，逐步递进。构成递进性问题。这组问题解决后，能比较自然地生成新的知识。通常，这样的递进性问题也称为"问题串"。

（7）核心性问题。在一节数学课中。通常要设置一两个最为核心的问题让学生探究，以突出本节课的要点。核心性问题通常是一节课的命脉。

（8）发散性问题。有时，为了体现思维的广阔性，在新知生成或数学应用中可设置发散性问题让学生探究，以培养学生多角度的思维能力。

（9）追问性问题。在问题探究过程中，为了暴露学生的思维过程或增强思维过程的缜密性等，可设置一些追问性问题，以促使师生之间进行思维交流。

4. 理解性问题

在新的数学知识生成之后，有时可设置一些理解性问题，促进学生对新知识的内化与掌握。

（1）辨析性问题。围绕新知识的内涵或外延设计一些命题让学生判断，引导学生深刻理解相关知识，明确注意点等。

（2）比较性问题。将不同的新知识，或新知识与旧知识等放在一起进行比较，让学生找出它们的联系与区别。

5. 应用性问题

在数学新授课上，当新知识建构之后，通常会设置一些应用性问题，让学生在应用中体验，在体验中进一步感悟。

（1）示范性问题。类似于教材中的例题，给学生做示范如何应用所学知识来解决问题。

（2）巩固性问题。用类似的题目进行练习，进一步巩固相关解题原理与方法。

（3）变式性问题。适当改变题目的条件或设问方式，引导学生看清问题与方法的本质。

（4）题组性问题。将一些有关联的题目放在一起。形成题组，引导学生体会它们之间的联系与区别。

6. 反思性问题

在课堂某个教学环节之后或课堂结尾处，可设置反思性问题，引导学生回头看，以从中归纳与引申。

（1）提炼性问题。引导学生提炼出相应的解题原理、方法与步骤。

（2）总结性问题。引导学生对本节课的知识要点、思想与方法等进行回顾。

（3）提升性问题。引导学生从更高的角度来看本节课中的知识与方法，以期进一步提升学生的数学素养，促进学生的发展。

（二）高中数学课堂教学的"问题驱动"

数学的研究和发展离不开实际问题的驱动。和其他所有学科一样，数学是从人们的实际需要中产生的。纯数学是以现实空间的形式和数量的关系为对象的。这些资料表现于非常抽象的形式之中。这一事实只能表面地掩盖它来自现实世界的根源。郑兰在《基于问题驱动的数学建模教学理念的探索与实践》中提到：现代认知心理学关于思维的研究成果表明，思维通常是由问题情境产生的，而且以解决问题情境为目的。学生的创新意识正是在问题情境中得到激发的。所以，教师在进行教学时，要精心设计问题情境，引导学生自觉、主动地去探索与分析问题直到最后解决问题。

美国数学教授戴维斯在一篇题为《我们所做的数学是我们所教的数学吗?》中指出：现在多数数学教学中通常采取的授课路线是"演讲—记忆—测试"，这种数学教学已经严重偏离数学的本质。因此，数学教学的本质是以不断地提出问题并解决问题的方式来获取新的知识，培养学生的创新思维和创新能力的过程。所以，数学教学离不开问题的驱动。换言之，基于问题驱动的课堂才是真正的数学课堂。

建构主义学习理论强调：学生的学习活动必须与任务或问题相结合，以探索问题来引导和维持学生的学习兴趣和动机，创设真实的教学情境。让学生带着真实的任务学习，以使学生拥有学习的主动权。学生的学习不单是知识由外到内的转移和传递，更应该是学生主动建构自己知识经验的过程，通过新经验和原有知识经验的相互作用，充实和丰富自身的知识、能力。所以，问题驱动也顺应了这一学习理论的要求。

问题驱动可以理解为一种教学方法，也可以理解为一种教学策略，它是一种以学生为主体、以各种问题为学习起点、以问题为核心规划学习内容、让学生围绕问题寻求解决方案的学习方法。

在高中数学课堂上。问题驱动就是指教师在课堂教学中以一系列问题为载体。通过学生的独立思考、自主探究、合作讨论等方式来解决问题，从而达到学习数学知识、掌握相关方法、提高学生数学思维能力等的一种教学方法与策略。

高中数学课堂上的问题驱动通常包括创设情境、提出问题、探究交流、解决问题、意义建构、知识应用、拓展提升等主要环节。因为有明确问题的提出，所以这种教学方法与策略给学生的课堂学习提出了明确的要求，能增强课堂教学的目的性，对学生的学习具有导向性。同时在问题解决的过程中，需要通过师生之间、学生之间的思维交流，把学生对问题的认识、理解、解法等都表达出来，从而能发挥学生的主体作用。所以，这种教学方法与策略能提高学生学习的主动性，提高学生在教学过程中的参与度。

实施问题驱动，要求教师在课前备课时将要学习的内容转化为一个个的问题，课堂上让学生在解决问题的过程中自然掌握所要学的知识、方法与思想。与传统教学中讲授者角色不同的是，教师在此教学方法中的角色是问题的设计者、问题解决的参与者和意义建构的引导者。所以，这种教学方法与策略对教师的要求更高，需要教师具备较强的知识理解能力和课堂掌控能力。

二、基于问题驱动的数学课堂问题设计

"问题驱动"离不开课堂问题这一重要的载体，问题在数学的学习中有着举足轻重的作用。

(一) 问题设计遵循的原则

为了达到设置课堂问题的初衷，课堂问题的设计一般要遵循以下几个原则。

第一，目标性原则。课堂问题的设计应紧紧围绕每节课的教学目标和学生的实际，要有助于新的数学概念和数学结论的生成，有助于学生理解概念、辨析疑难、纠正错误、完善认知结构等。

第二，科学性原则。课堂问题的设计，从情境素材到具体内容都应是真实可信的，不违背科学规律。要注重体现科学思想，易于构建数学模型。同时，问题的表述要清楚精练。没有歧义，便于学生理解与探究。

第三，发展性原则。课堂问题的设计要符合学生的一般认知规律、身心发展规律，要在学生思维的最近发展区内，既不能让学生有望而生畏之感，又不能让学生有不动脑筋就能轻易答出的懈怠，要让学生在探究问题的过程中提升自己的能力。

第四，启发性原则。课堂问题的设计要抓住教学内容的内在矛盾，把握时机，在新旧知识的结合点处设疑置问。使学生达到心求通而不解、口欲言而不能的"愤悱"状态，从而激发学生积极地进行思维活动。

第五，思维性原则。数学课上的问题，特别要体现其思维价值，要克服问题"多""浅""碎"的常见不足，要让学生有所思、有所想，以培养学生的思维能力。

第六，逻辑性原则。数学课上的问题，通常要遵循由特殊到一般再到特殊的认知顺序。设计问题时，要结合教学内容的层次性和系统性，尽量做到由浅入深、由简到繁、环环相扣、层层递进，以体现其内在的逻辑性。

第七，统领性原则。作为一节课的总起性问题。通常要有统领全局的功能，能站在一个较高的高度来引领本节课的教与学。

第八，挑战性原则。课堂问题要能引起学生的认知冲突和学习心向，能激发学生的学习兴趣，促进学生积极参与，接受问题的挑战。

第九，层次性原则。课堂问题要面向全体学生，注重调动每一个学生的学习积极性，尽量做到人人参与、个个有收获。同时，问题也要体现层次性，让不同的学生能得到不同的发展。

（二）问题情境创设与运用

关于问题情境，目前出现的理解较多，概括起来有两大类：问题—情境，情境—问题。"问题—情境"是指，先有数学问题，然后是数学知识产生或应用的具体情境；"情境—问题"是指，先有具体的情境，由情境提出数学问题，为了解决问题而建立数学。其实，两种理解没有截然的区别，核心都是通过问题情境提出问题，情境与问题融合在一起，问题是教学设计的核心。

从教学内容看，问题情境大致可以分为实际背景、数学背景、文化背景等。实际背景包括现实生活的情境数学模型（概念、公式、法则），数学背景包括数学内部规律、数学内部矛盾；文化背景可以分解为上面两类。

从呈现方式看，问题情境包括叙述、活动、实物、问题、图形、游戏、欣赏等。

从所处的教学环节看，问题情境包括引入新课的情境、过程展开的情境、回顾反思的情境等。

1. 问题情境创设

数学具有丰富的内容、无限的包容、广泛的应用、现实的背景、悠久的历史、巧妙的方法、和谐的美感……这些都为问题情境的创设提供了得天独厚的条件。

（1）就地取材，创设亲近型情境。从学生的实际出发，运用学生身边的素材来创设情境。例如，校容校史、班级特色、熟人熟事、家庭状况等。这类情境最能引起学生的共鸣。

（2）提供实例，创设载体型情境。给出具体或特殊的实例，让学生亲眼看见生动的形象、鲜活的事实或真实的变化过程，从中获得感悟。

（3）对比联系，创设引导型情境。给出想当然的错误结论，为正确的知识留下对比的素材；或提供可类比的情境，便于知识的迁移；或提供有矛盾的情境，以引起学生的认知冲突。

（4）活动演示，创设体验型情境。结合教学内容创设游戏、竞赛或演示的情境，让学生在活动或观察中体验与感悟新知识。

2. 问题情境运用

（1）服从实际需要。情境的创设不一定都在课堂的开头，同时一节课中也可能不止一处需要创设情境。例如，课题引入时需要创设，给出概念时需要创设，揭示原理时也可能需要创设。

（2）控制展示时间。每个情境展示的时间不宜过长，通常在5分钟之内比较适宜，否则有冲淡主题之感。

（3）尽量重复使用。为了提高使用率，应尽可能地在不同阶段使用同一个问题情境，必要时可将相关情境适当改造一下。这样显得既经济，又有前后呼应之感。

（4）利于教学实效。创设情境的最终目的是提高教学效果，便于教学的开展。如果使用某一问题情境会有牵强附会之感，或者因为该情境给出可能会削弱探究活动的思维价值，那么这个情境就不如不用。

（三）问题串的使用和运用

1. 问题串的使用价值

所谓问题串，是指在教学中围绕具体知识目标。针对一个特定的教学情境或主题，按照一定的逻辑结构而设计的一连串问题。问题串也称问题链，是指满足三个条件的问题系列：①指向一个目标或围绕同一个主题，并成系列；②符合知识间内在的逻辑联系；③符合学生自主建构知识的条件。在课堂教学中，针对具体的教学内容和学生实际，设置恰时恰点且适度合理的问题串，不仅可以引导学生步步深入地分析问题、解决问题、建构知识、发展能力，而且能优化课堂结构，提高课堂效率。

2. 设计与使用问题串的感悟

(1) 问题串的使用要立足学生实际。设计与运用问题串是一种教学策略，意图是要搭建一个平台，把学生推到解决问题的前台。既然是以学生为主体，问题串的设计当然得要针对学生的实际。一是要立足学生的认知基础，问题的提出要建立在学生已有知识与方法的基础之上；二是要立足学生的数学基础，不同层次的学校与班级围绕同一个主题而设计的问题串应有所不同，对于基础比较薄弱的学生，在设计问题串时则要做到起点低些、步子慢些、难度小些、答案少些。

(2) 根据需要设计多样化的问题串。在实际教学中，我们可以根据不同的教学环节或不同的教学需要来设计多样化的问题串。例如，在课题引入中可设计生活化的问题串，把问题串与学生实际或学生已有的生活经验联系起来。为问题串提供生活背景，这样不仅能营造轻松的教学氛围，还有利于激发学生旺盛的求知欲；在知识建构中可设计精细化的问题串，把问题化大为小，化抽象为具体，精细成具有一定梯度和逻辑结构的问题串，使学习的目标具体化，知识的构建层次化，思维的活动缜密化，以获得较为清晰的新知识；在概念辨析中可设计比较性的问题串，引导学生分析与对比，抓住知识的共性和个性，有利于学生甄别知识之间的细微差别；在问题解决中可设计探究性的问题串，对问题提供的信息进行重组或深度加工，引导学生挖掘问题的本质特征，不断探索解决问题的方法和策略；在例题教学中可设计变式性的问题串。改变问题的结构、条件或设问方式等，通过对一系列"新"问题的解决，培养学生的发散性思维能力与提炼归纳能力等。

(3) 把握好设计问题串的原则。首先是难度的适宜性。问题不能太难。要符合学生的一般认知规律和身心发展规律，要在学生思维的最近发展区内，不能让学生有望而生畏之感。其次是层次的递进性。设置问题串的目的是引导学生思考，问题与问题之间应有一种层层递进的关系。再次是目标的指向性。从教者的角度来看，每组问题串要有明确的意图。围绕某个主题展开。通过对一系列问题的解决，要能够让学生自我建构出相关的数学概念或原理。最后是设问的自然性。问题的设置不能过于生硬，让人感受不到其自然性，琢磨不透是怎么想到这个问题的。

(4) 把握好问题串方面的"度"。首先，要把握好子问题的梯度与密度。问题串中子问题的梯度过大或密度过小，容易造成思维障碍。影响教学的顺利推进；相反，子问题的梯度过小或密度过大，容易造成思维量过小，使得思维价值缺失。其次，要把握好问题的启发与暗示度。问题的启发与暗示度过大，则其思维含量就会降低；相反，问题的启发与暗示度过小，则可能造成课堂气氛沉闷，影响教学效果。最后，要把握好问题的开放与封闭度。问题过于开放，答案各不相同，甚至可能连教师自己都无法界定其正误，则会难以收场；但如果全都是封闭性的问题，学生的创新思维就得不到应有的训练与提高。

（四）将教学目标转化为课堂问题的途径

实现预期的教学目标是每节课教学的目的所在，而教学目标的达成既不是通过投影片的播放来实现的，也不是通过学生的朗读来实现的，应寓于教师设置的教学氛围及教学活动中自然实现。

在教学中，如果把教学目标转化为恰当的问题，用问题来驱动学生主动学习，能将学生推到解决问题的前台，凸显学生的主体地位，是值得肯定的一种教学方法。将教学目标转化为有效的课堂问题具有以下几个方面。

1. 将知识型目标转化为课堂问题

数学概念的产生与发展应是合理的、水到渠成的。如果直接将数学概念介绍给学生，将会掩盖其自然性，不能使学生在情感上产生共鸣。另外，数学中有许多定理、性质、法则、公式等结论是解题的依据所在，如果直接将这些结论告诉学生，他们也能解题，但那仅是肤浅的模仿与机械的运用，不利于学生数学素养的养成。所以，对于数学概念与结论的教学，宜创设一定的问题情境，并配上合理的问题，以促使相关知识的自然生成，数学概念与结论的教学目标不妨统称为知识型目标，通常，将知识型目标转化为课堂问题有以下策略。

（1）转化为概括性问题。数学概念的教学，很多情况下可先列举几个具体的例子，然后提出问题，让学生从中抽象出其共同属性或特征，进而得到相关的数学概念，这时，常见的设问手法是"它们有何共同的特征"？

（2）转化为直接性问题。有些知识目标本身就可以直接转化为问题，只需改变一下表述语气即可。

（3）转化为类比性问题。数学同一知识块甚至不同知识领域内存在着一些结构相同或意义相近的概念或结论，在教学中，有时可寻找已学过的旧知识作为参照对象，通过类比的手法得到新的知识。

（4）转化为领悟性问题。有些数学概念与结论比较抽象，蕴含着一定的道理，而这些道理并不是很直白，需要学生去深刻理解与体会，对这种数学知识的教学，宜在给出问题情境后设置一些领悟性问题，引导学生建构出相关的知识。

（5）转化为递进性问题。有些数学概念与结论的生成并不是很简单的事，需要教师做必要的引导才能得出，对这些数学知识的教学，可设置一连串问题，层层递进，当所有问题都得到解决时，相关的数学知识也随之产生，此时，可用"问题 1，问题 2，等等"的形式来设计问题。

（6）转化为发现性问题。对于一些学生能够独立完成或合作完成的探究活动，创设问题情境之后，可直接提出"你从中发现了什么"？或"你能得出什么样的结论"？以生成相关的数学结论。

（7）转化为比较性问题。为了让学生更好地把握数学知识之间的关系，清楚它们的联系与区别，有时可将多个类似或相近的数学知识放在一起进行比较。

（8）转化为辨析性问题。为了让学生更好地理解数学概念或结论，揭示数学知识的内涵，警示一些注意点，在知识生成之后，可设置一些辨析性问题让学生判断。

2. 将解题型目标转化为课堂问题

一般地，数学学习的成果通常是通过解题来实现的，所以学会解题是数学课堂教学的重要目标。解题能力的提高很大程度上依赖于对解题原理与方法的提炼与领悟，而这离不开课堂问题的引导与驱动。通常，将解题型目标转化为课堂问题有以下策略。

（1）转化为提炼性问题。运用新知识解决问题、一题多解或解决多个类似的问题之后，宜设置一个提炼性问题，帮助学生构建运用新知识解决某些问题的常用方法与策略。此时，常见的设问手法有"运用××知识来解决问题的常用方法与策略有哪些""解决××类问题的常用方法有哪些"等。

（2）转化为巩固性问题。学生对新方法的接受与领悟通常需要一个过程，需要一定的训练与强化。所以在提炼了一类问题的解题原理与方法之后，宜设置类似的问题让学生及时巩固，促使学生内化。

（3）转化为变式性问题。为了促使学生真正掌握有关解题原理与方法，还可以适当改变题目的条件或设问方式，给出变式性问题，变式的意图应是明确的，要努力揭示解题方法的本质与内涵，引导学生形成高位视角，提高对问题与方法的认识。

（4）转化为题组性问题。有时，为了让学生更好地掌握有关解题原理与方法，或感悟类似题目之间的联系与区别，还可以设置一些题组性问题，如"异题同质问题""多题一法问题"等。

3. 将素养型目标转化为课堂问题

培养学生的数学素养，促进学生发展是数学教学的立足点。数学素养的培养，应贯穿整个课堂教学的始终，侧重教会学生如何分析问题与解决问题，并在适当的时机给学生创设提出问题的平台。数学课上，将素养型目标转化为课堂问题的常用策略如下。

（1）转化为思想性问题。高中数学课程对于认识数学与自然界、数学与人类社会的关系，认识数学的科学价值、文化价值，提高提出问题、分析问题、解决问题的能力，形成理性思维，发展智力和创新意识具有基础性的作用。所以，揭示研究思想是数学课教学的一个重要目标，而这有赖于一些思想性问题的设计与运用。

（2）转化为追问性问题。学会理性思维是数学学习的一个重要的素养目标，为了促使学生养成理性思维的习惯，让学生更多地介入分析问题与解决问题的过程，课堂上应不失时机地设置一些追问性问题，以促使师生之间与生生之间有更多的思维交流。

（3）转化为发散性问题。发散性思维能力是数学素养的一个重要方面，该能力的培养离不开发散性问题的设置。数学课上，应适时提出"你有哪些想法""还有其他想法吗"等发散性问题，以促使学生进行多角度思维。

（4）转化为反思性问题。对学习新知识、掌握新方法、解决新问题等过程进行反思可促使学生的认识从懵懂走向清晰，从接受走向内化，从模仿走向自觉。其间，既可以提炼思想、总结方法，也可以警示注意点等，从而可提升学生的数学素养。所以，数学教学中宜经常设置反思性问题。

（五）课堂问题思维价值提升的具体方法

第一，多问融成一问。优化碎问的策略是对一些零碎问题进行恰当整合，尽量把多个性质相同或相近的问题融合成一个大问题。问题变少变完整了，其提示的因素就减少了，自然可发散学生的思维。当然，对一些问题进行融合也是需要技巧的，要将它们的共同属性抽出来。

第二，合理添加缀问。优化浅问的策略自然是加深问题的难度，但如果某个浅问是经典的，不便轻易改动。那么可在其后缀上一问，以提升思维含量。当然，缀上怎样的问题是需要教师好好设计的。既要保证问题前后的和谐性，又要能引发学生的思考与探究。

第三，适时进行追问。浮问对问题的处理不够深入，犹如蜻蜓点水，未能将问题的价值尽可能地发挥出来，因而其优化的策略是在解决问题的过程中适时地加以追问，在不断追问中将问题的价值尽可能地释放出来。

第四，升华处可置问。改进缺问的策略自然是补上重要之问，即当课堂进行到可以对相关内容进行合理升华的时候，教师要及时置问，将研讨引向更高境界。当然，在什么地方升华与置问，还是需要教师在课前备课时认真研究与设计的。

三、高中数学课堂教学中的问题解决策略

除了好的课堂问题，问题价值的体现还要看问题解决的过程能否将其充分发挥出来，所以问题的解决也是课堂教学的重要环节。

（一）问题探究需建立在充分体验的基础上

如何有效开展课堂的探究活动的确是困扰我们广大一线教师的实际问题。众所周知，从学生长远发展的角度来看，要经常组织一些课堂探究活动，但这样做会影响正常的教学进度，因为探究活动组织得不好就会出现冷场的现象。

第一，找准合适的探究切入点。普通高中数学课程标准指出："学生的数学学习活动不应只限于接受、记忆、模仿和练习，高中数学课程还应倡导自主探究、动手实践、合作交流、阅读自学等学习数学的方式。"所以在教学过程中，我们应尽量设置一些探究活动。使学生的学习过程成为在教师引导下的"再创造"过程。但抽象的思考往往会使学生感到无从下手，所以课堂探究活动必须依赖于直观的载体作为探究的切入点。

第二，确定给力的探究着力点。学生是探究的主体，让绝大多数学生能参与进来的探究才是真正的探究。所以问题的设计要从保护学生的积极性与提升学生的信心入手，不能刚开始就打击学生的自信心。为此，我们教师需要确定好探究着力点。探究宜从体验开始，让学生在体验中找感觉，并逐步感悟到其中的道理。

第三，突出切题的探究核心点。学生的探究活动应围绕一节课的核心内容展开，即通过问题的引导，要让学生自己能够建构出相关的概念或结论。

第四，挖掘隐含的探究活力点。有时，一个不起眼的内容也能激发学生的探究热情，增强课堂的探究活力。所以，作为教师，一方面我们要更新自己的教学理念；另一方面也要善于挖掘这样的探究活力点。

总而言之，只有让学生先行体验。课堂探究活动才能得以顺利开展。另外，在实施问题探究时，我们既要相信学生，更要了解学生和顺应学生。

（二）教师在问题解决过程中的角色和作用

在"问题驱动"下的课堂教学中，教师的主导作用不是削弱了而是提高了，其角色与作用主要体现在以下方面。

第一，营造氛围。"问题驱动"下的课堂教学是以学生主动参与学习为前提的，这有赖于团结互助的学习环境。为此。教师要营造民主、宽松、和谐的课堂氛围，以有利于学生主体的活化与能动性的发挥。

第二，调控启发。在课堂教学中，教师不仅要运用各种途径和手段启发学生的思维，还要能接收从学生身上发出的反馈信息，并及时作出相应的控制调节。对于学生普遍感到有困难的问题，教师要给予恰当的启发。

第三，个别指导。因学生个体存在差异，在自主学习的过程中，有的学生会出现这样或那样的困难。此时，教师可以进行个别指导。个别指导的过程要体现出教师的爱心、真心，这有助于师生之间的沟通交流，有助于形成民主和谐的课堂气氛，这样做往往能产生意想不到的教学效果。

第四，反馈评价。对于从学生那里获得的反馈信息，教师应作出及时而准确的评价。教师恰到好处的表扬与赞许能使学生的思维活动得到强化。而教师恰如其分的批评或否定，也会使学生的错误思维得到及时纠正。

（三）高中数学课堂问题解决的方式及途径

一般意义下的"问题解决"指的是按照一定的目标，应用各种认知活动，经过一系列的思维操作，使问题得以解决的过程。用认知心理学的术语来说，问题解决就是在问题空间中进行搜索，以便从问题的初始状态达到目标状态的思维过程。所谓问题空间，是指问题解决者对所要解决的问题的初始状态和目标状态，以及如何从初始状态过渡到目标状态的认识。

因此，基于"问题驱动"的课堂教学中的问题解决，是指当教师或学生提出问题后，学生（或师生共同参与）思考问题、探究问题直至解决问题的过程，通常要得到明确的答案与结果。

所谓课堂问题解决的途径与方式，即指在课堂教学中，当问题明确后，教师如何引导学生进入思维状态，问题的答案与结果如何展示，教师的角色与作用又是什么，怎样做才能尽可能地发挥学生的主体作用以及如何处理比较有效，等等。在高中数学课堂上，课堂问题解决的途径与方式主要有以下几个方面。

第一，学生独立解决。这种解决方式通常是教师明确问题后，不做任何提示，学生通过独立思考、自主学习、自我演算、独自探究等途径解决问题。常见的方式有：集体回答、个别回答、学生推演、学生展示、投影成果等。

第二，师生共同解决。师生共同解决方式通常是教师明确问题后，学生独立思考与教师启发相结合，最终解决问题。常见的方式有：师回答生呼应、师启发生回答、生回答师追问、生回答师板书、生回答师纠错、生回答师改进等。

第三，学生合作解决。学生合作解决方式通常是教师明确问题后，学生先独立思考一会儿，然后小组内合作交流，直至解决问题。常见的方式有：生回答生补充、生回答生纠错、生板演生纠错等。

（四）高中数学课堂中问题解决的方式选用

在实际教学中，课堂问题解决的途径与方式的选择取决于以下几个方面的因素。

第一，学生的基础。通常，如果学生的数学基础较好，那么更多地应选择学生独立解决问题的方式；而如果学生的数学基础一般或较差，那么更多地应选择师生共同解决或学生合作解决问题的方式。

第二，问题的难度。如果问题难度较小，通常可一带而过；如果问题难度中等，通常可让学生多做努力，尽量让他们自己解决问题；如果问题难度较大，则宜共同解决，甚至可以分散难点，或做必要的铺垫或启发等。

第三，问题的思维价值。对于有较高思维价值的问题，如一节课当中的核心问题，最好让学生独立解决或合作解决，只有当学生遇到困难且无法解决时，教师才做适当的提示，但最终仍由学生自己解决问题。

（五）课堂问题解决过程中需要注意的问题

在课堂问题解决的过程中，通常要注意以下方面的问题。

第一，迟现课题。在新授课中，课题的过早出现有时对学生会有提示作用，会削弱问题的探究价值。所以在课堂上，建议等到相关概念与原理生成之后才将课题逐步示出。若制作课件，开头也尽量不要出现课题。

第二，不要预习。对于新授课来说，课前预习了，不仅会出现学生不用动脑筋就能知道一些问题的结果，还会出现在时机未成熟之前就有学生说出新的概念或原理的现象，破坏了知识的自然生成。所以教学新授课不宜布置学生预习。

第三，明确问题。要达到探究的效果，首先，要引起学生的充分注意，教师可以说"下面请大家思考这样的一个问题"或"请看问题××"；其次，问题给出要清楚醒目，表达要干脆，尽量不重复，有条件的可用投影显示出来。

第四，充分思考。问题给出后必须留有足够的时间让学生思考，一般而言，有探究价值的问题的思考时间应不少于 20 秒钟。学生思考时，教师尽量不做任何提示。以免干扰和束缚学生的思维。若采用合作学习的方式，则应在个人充分思考的基础上再进行互相交流。

第五，及时评价。对于学生的回答，教师要及时作出点评。除了要明确学生的答案是否正确外，通常还要深层次地评价学生的思维状况。如其想法是否合理、哪些具有可行性等。更多的。教师要从鼓励的角度来肯定学生的见解。

四、问题驱动型高中数学课堂教学的实践

（一）高中数学中实现"问题驱动"的体会

众所周知，问题在数学学习中有举足轻重的作用，有了问题，思维才有方向；有了问题，思维才有动力；有了问题，思维才有创新。因此，在教学中，我们应根据学生的认知规律和教学内容来设计问题，并充分挖掘问题的思维价值，用问题呈现研究思想，让学生在问中悟；用问题促使知识生长，让学生在问中探；用问题激发智慧潜能，让学生在问中明。

1. 提炼核心问题，凸显研究思想

人类文明史告诉我们，推动人类社会进步的最大动力来自人类的思想。古今中外，伟大的思想和思想家，从来都是指引人类一步步走向光明、和谐、幸福、自由的灯塔。同样地，数学的发展也离不开重要思想的引领和支撑。这里所说的思想，不仅仅指具体的数学思想，还包括意义更广泛的研究策略、行动策略或哲学思想等。有效地传授这些重要的思想就需要提炼每节课的核心问题，让学生在相关的问题及问题解决中感悟这些思想，是一个值得提倡的做法。

2. 设计引导问题，促进知识生长

数学概念通常比较抽象，初学者有时会感到定义来得突然或内容较为令人费解，知识是"生长"出来的，学生的学习过程是知识不断积累和能力不断提高的过程，新知识的学习是在原有基础上进行的，学生对新知识的理解是逐步由模糊到清晰、由零碎到完整并融入原有的知识体系之中。建构主义认为，学习是学生经验体系在一定环境中自内而外的"生长"，它以学生原有的知识经验为基础实现知识的建构。可见，在平时的教学中，若注意挖掘每一个知识的自然性，让新的知识在旧的知识里"生长"出来，就显得十分自然且易于被学生所掌握了。

事实上，在学习新的知识时，学生往往并不缺少必要的旧知识与经验，但是他们自己却不能够主动地建构出新的知识来，其主要原因是缺乏必要的问题引导。所以，数学新授课的一个重要方面是教师要设计一系列合理的问题来引导学生探究，促使新的知识在学生原有的知识体系中自然生长。

3. 重视生成问题，激发智慧潜能

数学教育要培养学生提出问题、思考问题、解决问题的习惯，而发现一个问题常常比解决一个问题更重要，所以问题的动态生成是新课程倡导的一个重要教学理念，应当成为

我们努力追求的一种境界。为此，教师在教学中要力求做到三点：首先是确立一种观念，即风平浪静、一帆风顺的课不一定是好课；其次是积极创造机会鼓励学生提问，不断激发学生质疑问难的勇气和内在动力；最后是充分研讨学生所提的问题，并给出明确的结论，让学生在发问中越研越明。

（二）用问题还原数学概念自然性的实践

数学概念是数学的逻辑起点，是学生认知的基础，是学生进行数学思维的核心，在数学学习与教学中具有重要的地位。世间万物无不具有其产生与发展的自然性，数学概念也不例外，它的产生与发展应是合理的、水到渠成的，但教材中的很多概念都是直接呈现的，缺少对其形成过程的介绍，掩盖了这种自然性。教学中如果将这些概念直接强加给学生，不仅会让学生感到定义来得突然，内容比较令人费解，而且不利于学生掌握其本质。所以概念教学宜通过教师的教学设计把其自然性还原出来。

第一，体验具体实例，实现知识抽象。传统数学教学的缺点，在于往往只是口头上讲解，而不是从实际操作开始数学教学。换言之，学生对一些抽象数学概念的接受，往往需要从具体的实例出发，表现出对具体材料的依赖性。所以在教学中，教师往往需要凭借具体的素材来建立模型，即列举足够数量的实例，并用问题让学生在其共性中抽象出有关概念。这样做既还原了概念的自然性，学生也乐于接受。

第二，类比熟悉概念，实现知识迁移。类比是把未知与已知联系起来，由已知推出未知的过程，它是一种重要的推理方法，也是一种富于创新的思维方式。数学中同一知识体系内的不同概念或不同知识体系里的相关内容往往具有相同或相似点，教学中如果能设置合理的情境与问题，让学生根据其相似性进行类比学习，既能让学生学得轻松，也能较好地培养学生良好的思维品质。

第三，根据不同表征，实现知识转译。有些数学概念有着多重表征形式，教学中可从学生熟悉的表征形式出发，通过设置问题来逐步理解与意会，将其转译成新的表征形式，进而得到新的数学概念，这样也能较好地还原相关概念的自然性。

（三）让问题探究成为高中数学教学的主旋律

探究活动是课堂问题解决的主渠道，是发挥学生聪明才智的主阵地，是培养学生创新能力的主要途径。课堂上，问题探究是否得以有效开展是衡量学生的主体地位有没有得到充分发挥的重要标尺。

第一，大胆设问，在新知识生成时留下探究空间。新课程提倡通过创设问题情境来再现有关数学概念、定理、结论等的形成过程，在运用这些情境时，我们可以大胆设问，为知识的形成留下悬念，以提升情境问题的探究价值。

第二，子问题导引，在解题教学中铺下探究之路。解题教学是数学课上一个必不可少且十分重要的环节，为了体现新课程的理念，我们可以根据一些题目的特点，有针对性地设计几个子问题来引导学生挖掘题目的隐含条件、沟通条件与结论的联系、揭示问题的本质或者进行必要的拓展与引申等。

第三，类题剖析，在试题讲评中进行深入研究。为了提高试卷讲评的针对性，我们提倡重点分析一些学生出错率较高的题目。因为学生对这些问题已经有了自己的感悟与答案，所以分析致错原因、挖掘题目本质、探求一般规律是课堂教学的主要任务。在试题讲评课上，设置容易混淆的类似问题让学生来探究是剖析错因的一个有力手段。

综上所述，探究活动可以出现在高中数学的各种课型中，也可以出现在一节数学课的诸多环节之中。探究活动的开展，要求教师有目标意识、问题意识和让位意识等。探究活动能够把学生推到解决问题的前台，充分发挥学生的主体作用，是培养学生能力的主要途径。所以，问题探究应当成为高中数学课堂教学的主旋律。

（四）高中数学复习课中"问题驱动"的实践

高中数学备考的一个重要任务是帮助学生构建知识网络和方法网络，提高学生的解题能力。在高中数学复习课上，通过"问题驱动"的方式来达成这些目标需要做到以下几个方面。

1. 设置递进性的问题

（1）利用递进性问题回顾知识的形成过程。对于数学概念、公式、法则、定理等，高中学生的一个通病是只知其然，而不知其所以然。因此，在高三数学复习课上，宜设置一些递进性的问题，再现核心知识的形成过程，揭示其研究思想。

（2）利用递进性问题固化常规的解题思路。在高中数学第一轮复习中，不少学生对于一些常规问题的解决还处在一个懵懂阶段。这时宜设置一些递进性的问题，帮助学生固化一些常规的解题思路，形成有序的解题思维。

2. 设置对应性的问题

（1）利用对应性问题促进学生对概念的理解。数学概念是解题的起点，在高中数学复习课上，宜设置一些问题来促进学生对相关概念的理解。这些问题可与知识相对应，逐个给出。

（2）利用对应性问题促进方法体系的构建。对于解题方法较多的某类问题，在高中数学复习课上，可选择与每种解法相对应的一些题目逐个给出，以此构建较完整的方法体系。

3. 设置回望性的问题

高中数学复习课上，在某类问题解决之后，或者在课堂的结尾处，可用问题引导学生回头看，对解题过程进行反思，对相关的思想方法、解题策略或注意点等进行归纳与总结等。

综上所述，在高中数学复习课中采用"问题驱动"的教学方式具有可显化教学目标、能明确思考方向、易进行提炼总结、利增强师生互动等优点，能提高复习的有效性。

五、大数据视域下基于云班课的数学问题驱动

云班课是一款课堂互动智能教学 App，可实现个性化智能助学和助教功能。"云班课的特点是教学工具、教学内容、教学管理全面云技术化、大数据化及中等人工智能化。"[①]教师通过云班课可在手机端上组织教学，开展课程活动、讨论和答疑、作业布置和辅导、测试评价等教学活动。云班课目前的主要功能包括：创建班课、签到、云教材学习、投票、问卷、教学包、手机投屏、头脑风暴、轻直播讨论、作业小组任务等，利用上述功能可实现课堂教学的四化，即网络化、即时化、互动化和自主化。由于构建基于云班课的问题驱动教学模式能从时间跨度上实现全覆盖，因此可将模式划分为前期驱动、中期驱动和后期驱动三个阶段，对应课前、课中和课后三个时期。

（一）基于云班课的课前问题驱动

1. 翻转学习

问题驱动的理论基础是建构主义，建构主义学习理论强调学生在学习活动过程中的自主参与，要求学生由外部刺激的被动接受者和知识的灌输对象转变为信息加工的主体、知识的主动建构者。知识的主动建构是通过已有知识经验和新经验的相互作用来实现的。问题驱动是利用问题来驱动知识建构，其实质是通过问题实现新旧知识的相互作用。新旧知识要想更好地相互作用离不开背景知识的铺垫学习和新知识的翻转学习，没有这两个方面的学习就谈不上新旧知识的相互作用，所以驱动前期的重点是利用云班课实现旧知识的回顾学习和新知识的认知学习。这需要教师在云班课上为学生提供背景知识学习材料和新知识学习材料。背景知识学习材料以微课视频为主，新知识材料以教学课件、文档资料为主。

---

①兰晓惊. 基于云班课的数学问题驱动教学模式构建和优化［J］. 教师，2022（16）：36.

背景知识的学习目的是让学生自主复习和新知识有关的知识点以避免旧知识遗忘或掌握不足影响后期驱动。这一环节在整个驱动链中很关键也很必要，这是因为问题驱动教学达不到最终驱动目的的原因常常不是出在问题的设计环节或者问题解决的环节上，而是早期就埋下了失败的种子，即学生前期相关知识缺乏或不具有相应的知识基础，导致学生在问题驱动中无法积极作出响应。在背景知识铺垫学习时，教师要注意提供的学习材料要尽可能处于学生的"最近发展区"。

新知识的翻转学习目的在于使新旧知识在驱动前期就有初步的相互作用。云班课的问题驱动分成两种形态：一种是教师设计问题，开展问题解决活动，组织学生解决问题，以课中驱动为主；另一种是学生自主学习，产生疑问，教师答疑解惑，以课外驱动为主。这两种驱动形态相互促进、相互影响。前期的翻转学习将提高后期课中问题驱动的起点。在翻转学习自主驱动中，教师除提供章节的PPT、学案等学习资源外，还可引用云班课里的云教材。为了增强学生在翻转学习中学习的内驱力，每一资源的学习都要设置一定的经验值，并将经验值作为整个课程过程性考核的重要指标。

2. 利用云班课答疑讨论

在问题驱动教学中学生对问题的探究并非一蹴而就，而是螺旋式上升的。在问题驱动的前期，教师要积极创造机会鼓励学生提问，不断激发学生质疑问难的勇气和内在动力。初始阶段教师应设置一两个"蜻蜓点水式"的铺垫性问题，这些问题设置的目的不求拨云见日，让学生豁然开朗，而是激发学生对后续问题的探究欲望和学习兴趣，推动学生开展前期自主探究。问题设置的准则是少而典型，问题要使学生能对学习内容积极响应。为了提升学生讨论的积极性，教师可在答疑讨论活动中设置经验值，而经验值又与学生课程评价相关，从而刺激学生自主驱动。

3. 运用头脑风暴收集问题

问题驱动具有双向性，即所提的问题既有教师向学生提出的，也有学生向教师提出的。教师在问题设计阶段既要根据课程标准精心设计问题，又要根据学生学习中的各种疑惑来设计问题，只有统筹这两个方面，设计的问题才有针对性和完整性。因此教师在课前要营造出不限于课堂的师生、生生互动环境。云班课就是营造此类环境的极佳工具。教师通过在云班课中开展头脑风暴活动，为学生提供提问交流平台，学生可在活动中发言提问，这样可达成两个目的：其一，教师利用活动将提问的主动权下放给学生，避免以往教师主导问题驱动的形式单一；其二，教师借助活动收集学生在前期驱动中的典型性问题，为接下来教学环节问题的设计提供参考。

（二）基于云班课的课中问题驱动

1. 问题设计

课中的问题驱动教学是对传统问题驱动教学的回归。问题及问题解决是传统的问题驱动设计的逻辑生长点，也是整个问题驱动教学设计中最浓墨重彩的阶段。有了前期以云班课为基础的翻转学习和学生自主问题驱动后，课中问题驱动教学的门槛显著降低。

问题的设计是问题驱动教学模型的关键点，问题的设计就是将整个教学内容用层层推进的问题连接起来。设计的原则是把复杂的问题分解成若干简单的问题，大问题转化成小问题，进而逐一解决。

要设计好问题，教学的前期和后期都要有学生参与。这能使设计的问题不局限于教材的重难点，还能包括学生自身在学习前后和教学前后所遇到的各种困惑。因此教师必须在师生间建立起有效的沟通桥梁，使师生间的沟通可以随时随地可通过事先规划好的活动进行。随时随地式如要求学生将学习中所遇疑难问题通过云班课的聊天功能发送给教师，由教师解答回复。规划式如通过在云班课开展活动，让学生在活动中就问题进行探讨。教师只有在问题设计时综合考虑教材和学生实际，设计的问题才能兼顾教材重难点和学生的疑难点。

2. 问题解决活动

由于云班课涉及智能手机的使用，所以课中应用云班课实施问题驱动教学时应慎重安排，不能泛滥使用，否则可能会适得其反。问题驱动的最终落脚点是解决问题，而要解决好问题就要组织学生开展多样化的问题解决活动，如实验、小组协作讨论、师生合作、自主解决等。问题解决活动可利用云班课来组织和开展，如组织时可利用云班课在课前对学生进行分组，课中学生分小组进行问题讨论，讨论后每组写出方案或分享至云班课。除以上形式外，教师在云班课中还可开展测试活动、头脑风暴、问卷调查等。

（三）基于云班课的课后问题驱动

1. 利用云班课将知识性问题探究转向应用性问题探究

数学教学的问题包括知识性问题、概念性问题、应用性问题，在课中重点进行知识性和概念性问题探究后，课后的问题探究重心就要转向应用性问题。应用性问题主要是以习题为载体。学生在解决应用性问题的过程中可以巩固知识、提升知识应用能力，教师可通过云班课在课后发布作业或测试来提升学生此方面能力。具体操作是教师在云班课中先建好题库，精选各类题型，在课中问题驱动教学结束后从题库中挑选难易搭配适宜的题目，发布测试，让学生完成测试。当测试结束后，教师在后台导出测试数据，通过数据分析，了解学生在章节知识上有哪些未解决的问题，同时反馈的数据信息也为后续的再驱动提供依据。这一做法比单纯的课后作业能更快捷地知道学生学习的盲点。

2. 利用大数据实施驱动评价、驱动反馈及个性化再驱动

任何一种模式的实施都是动态变化而不是静止不变的。教和学必须不断相互适应匹配，不同的班级、个人的学情也是不断变化的，所以问题驱动要因班而异、因人而异、因时而异，要在大数据基础上不断地对其进行调整和改变。

首先是驱动评价。评价是模式的重要组成部分，传统的评价以考试成绩为主要衡量标准，并不关注学生的每一个学习行为，从而可能导致学生只关心卷面成绩，而日常的学习行为较懈怠。由于云班课提供的人工智能功能实现了对学生行为的自动跟踪，评价结果自动生成，管理与评价自动化、无纸化。教师可利用云班课采集到的学生学习行为数据组成教学大数据，再利用大数据信息，实施过程性教学评价，通过过程教学评价来激励和监督每一个学生。其中，云班课的经验值是一个综合性指标，经验值是指学生加入班课后，在班课内参与各种活动获得的经验值的总和。经验值获得数据能反映学生的一些基本情况，教师可将经验值作为评价学生的重要参数并在期末考核中加以体现，使每个学生都重视自己的经验值，这样能让学生重视每一次的学习行为，增强其学习的内驱力。

其次是驱动反馈。教学模式成败的关键是教学中能多次、适时地反馈学生学习的落后、失误所在，并及时、有效地进行纠正。因为课程或学期的每个阶段，都有一部分学生因为各种原因学习落后，进而影响其下一阶段的学习。教学模式中的反馈就要随时进行，不能等考试结束后才显示每个阶段的问题。云班课提供的人工智能功能利用课堂即时互动反馈采集的行为大数据，采用用户画像技术，为每一位学习者画像，并依据用户画像为每一位学生给出个性化成长建议。应用人工智能功能，教师可从整体掌控每个学生的学习状况，而且一些数据还可从细节上分析出学生掌握不佳的内容，从而及时纠正和调整问题驱动的内容和方式。

最后是个性化再驱动。当大数据反映出某一类学生特殊的学情时，教师要根据数据分析，针对这类群体制订出相应的个性化方案，实施有针对性的个性化再驱动。个性化再驱动就是要跟踪到学生个体。在跟踪时可以根据大数据将不同学生按层级分组，不同层级学生实施不同层级的方案，这样驱动模式能由面到点。

依托云班课的问题驱动模式将教学延展至课前和课后，实现了线上线下的联动，使驱动教学链更丰富、更完善。同时利用云班课在云数据、云计算的优势弥补了传统问题驱动模式中缺乏课外驱动的不足，使后续的课中问题驱动有了较高的起点，云班课实施的驱动评价和反馈机制又使整个问题驱动教学模式更高效和更科学。

第二节　大数据视域下高中数学的高效课堂教学

一、高中数学高效课堂教学的理论支撑

（一）教学认识论

1. 教学认识论的起源

教学认识论是中国 20 世纪 80 年代形成的教学理论观点，主要代表人物是王策三先生，对教学认识论的完整论述体现在其主编的著作《教学认识论》一书中。教学认识论在倡导以促进学生发展为教学目标的基础上，提出学生是学习活动的主体，极力摒弃凯洛夫教学体系中单一化的教学模式，积极提倡丰富多样的教学模式。

教学认识论是在对教学本质的追问中产生的，该理论的持有者认为：教学活动在本质上是人的认识活动，这种认识不同于一般的认识过程，是以学生为认识主体的特殊认识过程。教学认识的客体以间接经验为主，这类对象性客体是教育者根据教学认识的目标，按照一定的原则选择、建构而成的人类知识经验的特殊系统，也即教学内容，这些内容是关于客体的属性及规律的科学知识，关于活动尤其是认识活动的科学方法、道德与审美关系以及与活动相联系的价值经验等。在教学认识中还存在工具性客体，是表现、再现对象性客体的形式、手段或载体，也即教材、教具等教学媒体。

2. 教学认识论的方式

教学认识论的方式是指教学过程中学生认识活动存在的形式、结构及发展阶段。教学认识的主要方式是掌握，学生通过掌握教学内容获得认识的发展，学生通过接受式学习和掌握式学习两种具体的认识活动形态来实现对知识的掌握。在教学认识过程中学生需要经历从感性认识到理性认识，从具体到抽象，从抽象上升到思维的具体的发展过程。教学认识论的特点体现为由教师传授到学生接受的过程中，伴随着观察、实验和实践活动，促使学生发现和探索。

3. 教学认识论的社会性

教学认识具有明显的社会性，教学认识来源于人类社会发展，它是人类生存和发展的重要文化传递机制；具体的教学认识活动一直有着深刻的时代烙印，蕴含着深厚的历史背景和文化特性；教学认识活动中有着复杂多样的社会关系，具有独特的社会结构和社会规

范；教师和学生都是具有特定社会历史联系的个体，学生认识的内容和学生发展的程度受制于宏观的人类社会历史发展规律。

（二）教学实践论

1. 教学实践论的起源

杜威在自然主义经验论的基础上，提出了实用主义教学理论，可以认为是教学实践论的发端。杜威不赞同传统的向书本学的教学过程，反对"教学只是传授知识"的传统主张，他认为探求真理不能脱离实践经验，学生应当通过参与各种实践活动来获得知识经验和个体的发展。

教学从本质上讲是一种特殊的实践活动，教学认识是针对知识、技能的掌握及其智力的开发而言的，教学生成则是针对学生思想的形成和完善而言的，教学的认识性内容和生成性内容构成了教学实践内容的全部，教学的认识性目的和生成性目的构成了教学实践目的的全部。

2. 教学实践论的特殊性表现

教学实践论的特殊性主要表现在三个方面：一是学生的实践活动是以认识客观世界、形成系统知识为目的的，属于认识性实践；二是学生的这种实践活动是在教师的指导下进行的，可以少走弯路，这也是学生学习实践与成人生活实践的区别；三是教学是一种简约化的实践活动，具有较高的活动效率。

在中国新课程改革过程中，实践的作用得到重视，在课程标准中虽然没有直接提及教学实践论的理论内容，但多处提及对教学过程中实践的要求，这也成为中国学者对教学实践论研究的推动力量。

3. 教学实践论需注意的问题

（1）教学实践论是对教学本质的再认识。教学实践论从认识论角度受到教学认识论观点支持者的反驳，教学认识论支持者认为实践是认识的一部分，是用来提高认识的，教学中的实践观点也是为了促进学生教学认识的发展。

（2）应当避免教学实践论与教师的教学实践混为一谈。我们所探讨的教学实践论，是对教学过程本质的探讨，是研究学生获得知识与发展的过程与途径，而教师的教学实践特指教师的教学工作，是对教师教学工作实施的研究，例如教师的教学实践机智、教师实践智慧等命题都不包含在教学实践论的研究范畴之中。

（3）学生在实践中获得直接经验与学习间接经验的关系处理。教学实践论倡导学生通过亲身实践来获得体验，但不意味着学生的学习全部以直接经验获取为途径，间接经验的学习是学生掌握大量科学文化知识和技能的便捷途径，只是在学生获得间接经验的时候应当关注学生内化这些知识的手段，注重以实践的、活动的方式让学生的学习变成可以感知的过程，而不是机械接受的过程。

（三）建构主义理论

1. 建构主义理论的起源

建构主义的观点最早由著名心理学家皮亚杰提出，建构主义强调概念性的知识是不能传递的，只能是基于学生自己经验基础上的建构。皮亚杰提出了"同化"和"顺应"这两个概念，用于描述学生与环境相互作用的过程。"同化"是指把外部环境中的相关信息吸收进来并结合到学生以后的认知结构中，即个体把外界信息整合到自己原有认知结构的过程。"顺应"是指外部环境发生变化后，而学生原来认知结构无法同化新环境的信息，从而引起学生认知结构发生重组与改造的过程，即个体认知结构受外部信息刺激而发生改变的过程。学生的认知结构就是在不断的同化与顺应的过程中逐步建构的。此后各国学者纷纷在皮亚杰的基础上将建构主义不断发展完善，直到20世纪80年代中期，以冯·格拉斯菲尔德为代表的建构主义者明确提出了建构主义理论，并对各个学科产生了重要影响，建构主义在教学理论中的应用也即发端于此。但建构主义在实际的教学中产生广泛影响是在20世纪90年代末到21世纪初，由于计算机技术和信息技术的快速发展与应用，对学习方式产生了巨大的影响，因此建构主义学习理论受到重视。

2. 建构主义理论的学习观

建构主义者认为，知识不是单纯地通过教师的传授而得到的，而是学习者在一定的社会文化背景下，通过他人（教师、家长及学习同伴等）的帮助，利用必要的学习手段及学习资料，通过意义建构的方式而获得的。因此，建构主义的学习观有以下几个方面。

（1）学习是学习者主动建构知识的过程。强调学习不是被动地接受外部的信息，不是把知识简单地堆积在头脑中，而是学习者在积极意愿下主动地建构意义，根据自己的经验背景，对外部信息进行主动的选择、加工和处理，与已有经验相结合而形成新知识的过程。外部信息本身没有什么意义，意义是学习者通过新旧知识经验间的反复的、双向的相互作用过程而建构成的。

（2）学习者以自己的方式建构对事物的理解。学习者在对事物理解的过程中体现了个性化的特点，没有固定的方式或方法，而是采取个人熟悉的方式，也就是在已有经验的基础上，依据自身的经历对新信息重新认识和编码形成独特的理解。

（3）学习应该是一个交流和合作的互动过程。虽然建构主义强调自主的建构，但不是说这种建构是孤立状态下独自产生的，而是认为应当通过交流和合作的方式完成建构过程。交流，也可称为对话，是通过与学习伙伴或教师等人的沟通讨论，逐步完成自身对意义的建构。合作是另外一种互动方式，在学习中学习者与同伴共同协作完成对学习主题的创设、资料的收集与整理、问题的论证与检验等工作，最终实现对所学内容的意义建构。

3. 建构主义理论的教学观

与建构主义学习理论相对应，产生了建构主义教学理论，由于建构主义提出了学习方式与学习过程的变革，要求摒弃传统的以教师为中心的教学模式，提出了建构主义的教学模式，即以学生为中心，教师成为学习的组织者、指导者，起到对学生学习的帮助和促进的作用，利用情境、合作、会话等方式发挥学生的主动性和积极性。主要的教学模式有：支架式教学、抛锚式教学、随机进入教学等。

（1）教学目标。建构主义教学理论将发展学生的主体性作为教学的首要目标。由于强调基于已有经验与自主方式的建构，很难在不同个体间实现完全相同的结论，建构主义不强调学生在学习过程中获得对于问题绝对正确的终结性答案，而是让学生通过探索、发现、研究、争论等多种途径与手段建构知识的意义，并将新获得的知识与已有的知识结构相融合，完善自身的知识结构。因此，主体性的发展是教学的主要目标。

（2）教学原则。建构主义教学理论提出了建构性、主体性和相互作用三项教学原则，要求教师在教学过程中遵循学生学习是自身对意义建构过程的特点，在教学设计、教学实施等过程中，重视启发、引导学生对所学内容进行意义建构。并且在教学中教师应当注重促进学生的主体性提升，积极鼓励学生参与学习，提出有价值的观点与思想。此外，教师应当能够促使学生全体参与到学习当中，并成为彼此之间学习的促进者，发挥个人的积极作用，保证学习团体的共同提高。

（3）教师角色。教师的角色是学生建构知识的积极帮助者、引导者和促进者，激发学生的学习兴趣，引发和保持学生的学习动机。建构主义要求改变传统教学中教师传递知识的权威地位，使教师成为学生学习的高级伙伴或合作者。教师在学生学习过程中的任务是为学习创设良好的环境及符合教学内容要求的情境，为学生提供复杂的真实问题，鼓励学生通过实验、独立探究、合作学习等方式来展开学习，并适时通过创设和提示新旧知识之间联系的线索，帮助学生建构当前所学知识的意义，组织协作学习，展开讨论和交流，并对协作学习过程进行引导，使之朝着有利于意义建构的方向发展。教师应当注意的是逐步减少外部控制、增加学生自我控制。

（4）教学特点。建构主义强调以学生为中心，发挥学生学习的主动性；强调情境的创设，主张让学生在具体情境中进行知识的建构；强调合作学习，认为学生的学习是群体共同完成对知识的意义建构；强调学习环境的设计，要求为学生的学习建立便于自由探索和自主学习的环境，提供必要的工具和资源；强调利用各种信息资源为学习提供支持。

（四）生活教学论

生活教学论严格来说并不能构成一种教学理论，它仅是一种教育思想或者说是教育观点。但在新课程改革中提出了要加强课堂教学与学生生活及现代社会的联系的要求，因此，"教学回归生活"的观点逐渐浮现并受到很多关注。

1. 生活教学论的起源

最早将教学与生活相联系的是美国学者杜威，杜威推翻了传统教育的"课堂中心""教师中心"和"教材中心"的观点，提出"儿童中心""活动中心"和"经验中心"的"新三中心论"，开创了教育学研究的新纪元。杜威在论述"三中心论"时认为，教育不但能传递人类发展中长期积累的经验，还能丰富人类经验，通过教育可以增强经验对生活的指导能力和对社会的适应能力，进而使社会生活得以维系和发展，因此教育可以定义为：个人在社会生活中与人接触、相互影响、逐步扩大和改造经验，养成道德品质和习得知识技能。由于改造经验必须紧密地和生活联结，而且改造经验能够促使个人成长，由此，杜威总结出"教育即生活""教育即生长""教育即为经验改造"。

2. 陶行知的"生活教育"思想

中国著名教育家陶行知先生承袭了杜威的教育思想，在中国提出了"生活即教育"的观点，此观点是陶行知生活教育理论的核心。在生活教育的观点基础上，陶行知提出了"教学做合一"的生活教学论。陶行知解释说"教学做合一"是"生活现象之说明，即教育现象之说明，在生活里，对事说是做，对己之长进说是学，对人之影响说是教，教学做只是一种生活之三个方面，不是三个各不相谋的过程。教学做是一件事，不是三件事，我们要在做上教，在做上学"。陶行知的生活教学论是在特定历史时期针对特定对象提出的，当时中国为了扩大教学的普及面，陶行知提出将教学融入生活、在生活中进行教学的观点。

3. "教学回归生活世界"的观点

"教学回归生活世界"是当前生活教学论所倡导的观点，此观点在中国的兴起大致始于20世纪90年代末，中国学者开始翻译、介绍国外学者关于教育与生活关系的研究观点，到中国新课程改革开始，"教学回归生活世界"的观点成为学者们热切关注的问题，对教学回归生活世界的可能性、途径方法及价值意义等进行了深入地讨论与研究。

（1）教学回归生活世界的内涵。教学回归生活世界是指教学应当关注个体的生命价值和存在状态，尊重人的主体性、发展性和存在性，与学生的生活实际相联系，是源于学生已有生活，为了学生未来生活的教育活动。

（2）教学回归生活世界的意义。教学回归生活是对教师与学生生活的关注，体现了人本主义教学理念，重视师生生活对教学的影响与作用，使师生进行的教学活动能够在生活中找到经验联结，使学生能够更好地与自身的生活实际结合，理解吸收教学的内容，并在生活中应用所学到的知识，使之深化巩固，教学回归生活是对生命意义及价值的肯定。

（3）教学回归生活世界与生活教育的区别。教学回归生活世界并不完全等同于生活教育的主张，教学回归生活世界是倡导教育要体现生活价值、生命状态，在教学内容上与生活相联系，在教学目的上为生活做准备，在教学过程中体现生命关怀，重视师生教学过程的生活感受与生活体验。我们当前所提倡的教学是独立于生产活动的存在，是符合现代社会发展需求的，但绝不是脱离生活、与生活毫无联系的。而陶行知所主张的生活教育是将教育融入生活，与生活形成一体，彼此不分离的。

（五）交往教学论

1. 交往教学论的起源

交往教学论是德国较有代表性的教学论流派之一。虽然其起初不如同时期其他流派那样影响大，但随着对师生关系研究的深入，对学生主体性体现要求的追求，对中国交往教学论有着重要的影响，占据了重要的地位。

1971年，K. 沙勒与 K-H. 舍费尔首次提出了师生交往的教学论思想，它是在关注"师生关系"这一重要教学影响因素的前提下而产生的。20世纪60年代末，在联邦德国，由于学生、家长和教师都不满于学校教育要求学生严格服从学校规范的教育制度，认为教育成为成人对学生的控制，因此产生了教育危机，这促使学者们开始着重探讨师生关系的问题，交往教学论在这一背景下得到重视并深入发展。

2. 交往教学论的主要观点

交往教学论认为教学是一种交往过程。师生间的交往是教学活动的形式体现，连接着教师的教和学生的学，整个课堂都处于一种多向的互动交往关系之中，任何教学环节都是在交往过程中完成，教学的目标也在交往中得以实现。

交往教学中强调师生的平等地位。交往教学把教师与学生都看作学习的主体，二者在教学活动中处于平等的地位。这种彰显师生间民主平等的理念是建立在师生在交往中所处的地位与角色角度上提出的，课堂上没有话语权威，人人都有表达自己意见的平等权利，在知识经验等方面，教师占有的优势并不能改变其与学生平等交往的地位，这些优势资源的占有能够起到对交往的层次与水平提升的作用。在学生之间也是同样，不会因为学习表现的差别使学生在交往中出现地位差别。

强调学生个性的"自我实现"，把"解放"作为学生学习的最高目标。"解放"就是将学生从传统的课堂控制中解放，学生个性得到理解与尊重，使学生真正获得个性的发展。教学不再是传统意义上教育目的指导下教师对课堂的掌控，决定学生的学习内容与学习方式，将知识灌输给学生，而是把教学视作具有探索与启蒙意义的师生交往，师生之间相互尊重并信任，通过交往使学生获得自身的发展。

交往具有永恒性。教学中无时无刻不存在着交往，交往贯穿于师生学习活动的始终。在课堂教学中，师生之间的言语表达交往的主要表现形式，而除言语之外的神情、体态等也被视作是交往的一种存在形式。非言语交往同样能够传递有效的信息，师生之间眼神、手势等更能真切体现出师生之间交往的默契。如果学生在课堂上出现沉默，教师也应当将之视为一种交往中的信息传递，是学生思想状态、注意力分布问题的表达，可能表达着学生对交往内容的好恶态度，教师应当及时调整交往策略，提出更有意义与吸引力的交往主题，改变学生的交往状态。

交往具有整体性。不同于传统的课堂教学提问的对话形式，交往教学中的交往不是教师与个别学生的单独对话，而是强调交往的整体性，即交往是教师与学生、学生与学生、教师与文本、学生与文本之间的多维度的交往。在沙勒给出的交往教学案例中，教师不会指定哪位学生表达自己的观点，学生在获得交往主题后，按照情境设置的需要充分表达自己的见解，学生之间会相互质疑并予以回应。

对于学生来说，他们享有表达观点的自由，课堂教学在轻松愉悦的氛围中进行，学生不必承受压力感，合理的交往原则是保证师生在教学过程中保持融洽关系的前提。沙勒提出了合理交往的特征，也就是师生双方在教学中应当秉承的以下交往原则：

（1）合理的交往是一种合作式的交往。

（2）参加交往的各方都放弃权威地位，相互持平等的态度。

（3）在交往中不使民主流于形式，而真正做到民主。

（4）由于交往的参加者实际地位不是同等的，因此必须促进相互取长补短的兴趣和理智相处的态度。

（5）逐步创造条件，使不带支配性的交往行为成为可能。

（6）相互传递的信息是最佳的信息。

（7）现在的交往将为以后的合理交往创造条件。

（8）合理交往的结果将取得一致的认识，但并非一切合理的交往都必须达到一致的认识，尤其是不允许在交往终了作出盲目的决定。

分析以上特点，在实际课堂教学中，教师如果采用交往教学方式就应当注意：重视教学中的合作关系，教师与学生没有主次之分，而是学习中的合作者。在传统教学中，教师把握着课堂的主要话语权，在其有目的的引导下，学生跟随教师的思维完成学习任务。

3. 交往教学论的过程

在课堂教学中要实现交往的目的，就应当有完整的交往教学流程，具体包括：设计目标、交往准备、合作探究、交流互动、评价反馈等环节。

（1）设计目标。设计目标是教师在组织学生进行交往之前应当明确的课堂教学目标，课堂教学交往中的解放与自由并不意味着无的放矢、盲目讨论，而是有目的的教学活动，教师在设计目标时应当考虑到学科本身的性质、内容的特点、交往过程中的干扰因素等，明确交往的主题，提出有意义并适于交往的话题。尽管如此，在实际的交往过程中仍存在着许多不可控因素，目标的最终实现未必能如设定中一样，教师应当正确认识。

（2）交往准备。交往需要在一定的情境下完成，因此教师需要首先创设一个轻松活跃适于交往的活动氛围，然后给学生设定相应的问题情境。这需要教师认真思考不同交往主题所需要的情境。

（3）合作探究。合作探究是交往教学过程中的一个重要环节，是教学交往真正的开始。课堂中小组式的合作探究是普遍采用的形式。学生组成小组，根据交往的主题自主分配小组成员的任务，教师予以帮助，以保证每个小组成员都有自己的任务分工，并且保证各个成员占有相当的学习资源，在分析解决问题的时候小组成员应当能够发挥自己的作用，表达自己的观点，促进小组内问题的解决。

（4）交流互动。交流互动，既存在于小组之内，也存在于小组之间。组内的小组交流以促进问题解决为主要目的的，小组成员贡献自己的思路或方法，组员共同探讨。小组间的互动交流是以经验成果的分享为主要目的，各小组表述自身的观点，并对他组的观点进行评析。

（5）评价反馈。为了能够保证教学交往的有效实现，评价反馈是不可或缺的环节，包括对学生交往表现的评价、教师地位作用的评价、交往实现程度的评价、交往氛围的评价等方面，只有认真地评价与反馈才能为下次交往提供修改的意见，确保教学交往能够在课堂内实现其内容、形式等的充分展现，并能够达到预定交往目标。

4. 交往教学论需注意的问题

交往教学论当前在中国的新课程改革中占有重要的理论地位，它指导着课程与教学的诸多方面，是新课程改革中关于学生学习方式变革与教学方式变革观点的支撑理论。尽管如此，我们还应当重视交往教学中可能出现的一些问题。

（1）交往教学的适切性。应当注意交往教学对于不同学科、不同内容、不同年龄段学生的适切性问题，不能盲目使用交往教学模式。在学生学习的过程中有些内容可以通过交往教学模式使学生获得良好的发展，例如关于理解的知识和关于思维技能的训练等，交往教学可以使学生形成深刻的印象与独特理解，掌握思维的方法；而有些概念性知识和事实性知识如果使用交往教学不当则会使学生产生混淆。因为交往教学不提倡在交往终了盲目作出决定，如果学生的交往没有形成一致的意见将会影响学生对概念的理解与获得。

（2）交往教学的时机把握。交往教学存在很多优势，但教师需要根据学生的情况对是否使用或在什么水平的问题上使用交往教学模式作出判断，教师应当先对学生的交往给予指导，等学生能够很好地理解交往的本质及方式的时候再逐步深化对交往教学模式的使用。

（3）交往教学过程中教师作用的发挥。在交往教学中，可能由于学生的基础或个性问题出现不能主动参与交往的情况，尤其是在学生数量较多的课堂中，教师比较难以关注到每个学生，使某些学生得不到应有的发展，因此对学生参与状态的调整就是教师重要作用的体现。此外，教师应当能够获取关键信息，对交往过程是否偏离了主题而作出判断，并能够引导学生围绕主题进行交往。

综观以上五种教学理论，其中不免有重叠的观点，亦会有相互包含的特点，如教学实践论中包含着建构主义的思想，教学认识论中包含着交往理论的思想等，这是因为在各个理论形成与发展的过程中积极地从当时最为先进的哲学、心理学等学科中汲取有益成分，最终完成了其理论框架。虽然各个理论强调的重点不同，但在理论基础相通的情况下，就难免出现相近的理论主张。当然如果仔细推敲，有些内容仅可称为教学思想或流派，这些教学理论是教学论学者依据不同的理论基础提出的，对课堂教学有着重要的指导意义，对本国乃至世界各国的教育、教学都有着深远的影响。我们不能简单评述哪种理论更好，因为它们在不同时期、不同条件下都对课堂教学起到了积极的指导作用，并在相当程度上对学生的发展起到了促进作用，并且各个理论的教学主张都有其有意义的内容，至于其不足与缺憾也会在教学实践中逐步显露并得到修正。此外，这些教学理论、教学思想或流派并不是完全独立的，它们之中有些内容是相互包含、相互支撑的，因此各个观点不是对立关系，只是强调的重点不同。因此，我们也不必强调哪种理论更好，在学习及使用这些教学理论的时候，我们应当与教学实践相结合，针对不同的学科、学段、内容以及学习主体结合不同的教学理论指导教学实践。

二、高中数学高效课堂教学体系的设计

(一) 数学教学设计的认知

1. 教学设计与数学教学设计

按照《现代汉语词典》的定义,设计是指"在正式做某项工作之前,根据一定的目的要求,预先制定方法、图样等"。从这个定义来看,设计比较注重显性化的文字表达或图样,表现出一定的目的性,但创造性凸显不够,因此,我们认为"设计"是指人们为实现某一理想,开展的创造性的行为活动或过程。设计与"规划"(Planning)相关。它们之间的区别在于:当伴随规划的专门性知识和关注达到一定程度时,我们就开始把这些活动称为"设计";当方案变得复杂起来,"规划"这一术语不再适用时,"设计"就成为更好的描述词。

教学设计的内涵广泛,并且说法不一,有的认为它是一种实践活动,有的认为它是一门理论和实践相结合的学科。目前尽管没有统一的说法,但对它的认识已形成了一些"主流"观点。通常意义上说的教学设计是课堂教学活动的前过程。关于教学设计列出以下一些典型界定:

教学设计就是根据教学对象和教学目标,确定合适的教学起点与终点,将教学诸要素有序、优化地安排,形成教学方案的过程该定义表明:①教学设计必须有确定的教学对象和教学目标;②教学设计是将教学诸要素有目的、有计划、有序地安排,以达到最优组合;③教学设计仅是对教学系统的预先分析与决策,是一个制订教学计划的过程,而非教学实施,但它是教学实施必不可少的依据。

教学设计是指教师为达到一定的教学目标,对教学活动进行的系统规划、安排与决策。具体来说包含四个层面:①教学设计要依据原理,遵循教学过程的基本规律,制定教学目标,以解决教什么的问题;②教学设计是实现教学目标的计划性和决策性的活动,因而要求教师对怎样才能达到教学目标进行创造性的决策,以解决怎么教的问题;③教学设计把教学过程各要素看成一个系统,分析教学问题和需求,确立解决的程序纲要,使教学过程最优化;④教学设计是提高学习者获得知识、技能的效率和兴趣的技术过程,教学设计与教育技术密切相关,其功能在于运用适宜的教学方法设计教学过程,使之成为一种具有可操作性的程序。

教学设计指的是把学习与教学原理转化成对于教学材料、活动、信息资源和评价的规划这一系统的、反思性的过程。在某种程度上,教学设计者就像工程师。他们都需要基于那些已被证明是成功的原理,来规划自己的工作——工程师依据的是物理定律,教学设计者所依据的是教学和学习的基本原理。他们都需要努力设计一些方案，让这些方案不仅能够发挥作用，而且对终端用户产生吸引力。无论是工程师还是教学设计者，他们都要确定解决问题的程序步骤，并以此来引导自己的设计决策。

教学设计是以教学理论和学习理论为基础，运用系统方法分析和研究教学需要，设计解决教学问题的方法和步骤，形成教学方案，并对方案实施后的教学效果作出价值判断的规划过程和操作程序。其目的是优化教学过程，提高教学效果。

教学设计是运用系统方法分析教学问题和确定教学目标，建立解决教学问题的策略方案、试行解决方案、评价试行结果和对方案进行修改的过程。教学设计主要解决：①教学内容（教什么）；②教学对象（教给谁）；③教学方法、流程（如何教）；④教学结果及评价（教得怎么样）。其中教学理论依据（为什么这样教）可以从设计过程中看出。

基于上面对教学和设计的认识，以及上述教学设计的"主流观点"，教学设计应该体现主体性、目的性、过程性、创造性以及反思性等特点，因此，我们认为教学设计是指教师基于教学起点，确立教学目标，遵循教育学、心理学原理和学科特点，创造性地将教学诸要素系统、有序、优化地规划和安排，形成可实施教学方案的过程。这个过程主要牵涉五个基本问题：①为什么教（学）——教学目标；②教给谁（谁学）——教学对象；③教（学）什么——教学内容；④如何教（学）——教学准备、教学方法、教学流程；⑤教（学）得怎么样——教学预评。

在上述教学设计的理解基础上，结合数学教学的学科特点和教学实际，我们认为数学教学设计是在教学对象的水平和需要的基础上，确定其合理的数学认知起点和准确定位教学目标后，以数学问题的解决为内容线索，以教学问题的表达为程序线索，有序并系统地统整教学诸要素，形成教学预设方案的过程。该过程是一个复杂的系统工程，涉及教学的对象、内容等横向范畴以及教学的程序、组织等纵向范畴，并且教学层面上同样需要解决上述教学设计中的五个基本问题。

2. 数学教学设计的具体要素

根据上述教学设计的定义，数学教学设计的横向范畴和纵向范畴需要完全覆盖五个基本问题，即为什么教（学）；教给谁（谁学）；教（学）什么；如何教（学）；教（学）得怎么样；这五个基本问题的指向和表达对象主要涉及教学目标、教学对象、教学内容、教学准备、教学方法、教学流程、教学预评七个方面。这七个方面存在一些内在的关联，并且必须依靠目标方向设计范畴、过程组织设计范畴以及质量监控设计范畴来统整。目标方向设计是教学的"应然"态，过程组织设计是教学的"必然"态，质量监控设计是教学的"应实然"态。由此，基于上述数学教学设计相关问题解决视角，数学教学设计的要素包含教学目标、教学对象、教学内容、教学准备、教学方法、教学流程、教学预评。上述要素具有一定的逻辑关联，如图5-1所示。

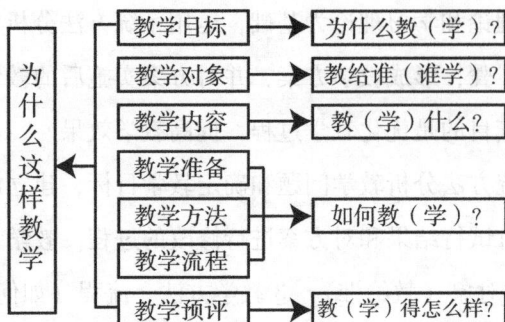

图 5-1 数学教学设计的要素与基本问题

3. 数学教学设计的逻辑体现

由数学教学设计的定义可以看出，数学教学设计的过程本质上是问题解决的过程。在教学设计中，包括数学内容层面的逻辑线索和设计程序层面的逻辑线索。其中，数学内容层面的逻辑线索主要完全或部分地呈现数学问题的发现、提出、分析和解决过程。对某个主题进行教学设计时，如果能够将数学知识体系、概念、命题关系、数学方法等方面梳理得很好，完全符合数学的科学体系和数学知识附着在教学层面的教学体系的规律，那么该主题的教学设计就奠定了牢固的根基，从而保障教学有效性的根本性。设计程序层面的逻辑线索主要通过对教学问题表达的方式来呈现。对某个主题进行教学设计时，如果能够较为完好地解决五个基本问题并以适当的方式表达出来，那么该主题的教学设计的主体结构就基本搭建好了，并为教学的顺利实施提供了前提条件和准备要素，从而保障教学有效性的可行性。因此，数学教学设计的这两条逻辑线索是最基本的线索，数学内容层面的逻辑线索是根本性线索，设计程序层面的逻辑线索是主体性线索，并且两条线索在同一教学设计过程中属于连体关系。

下面进一步研究数学教学设计的两条基本线索。宏观上，两条线索可以统整为问题（含数学问题和教学问题）与问题解决为数学教学设计的逻辑线索。微观上，两条线索的连体关系可以进一步进行演化。首先，从知识生长角度看，数学内容层面的逻辑线索本身可以自成一条逻辑线索。其次，设计程序层面的逻辑线索从有效教学的两个层面（教师和学生）表现的教学行为角度可以分为两条相互关联但又相互独立的逻辑线索，即数学教学逻辑线索和数学学习逻辑线索。前者可以从教师教授角度看，后者可以从学生学习角度看。最后，两条基本逻辑线索在交织联系的过程中，自然产生关联，如解决"为什么教（学）""教（学）什么"问题时，就要准确定位教学目标、教学内容、教学重点等，其问题焦点为数学知识层面的内容；解决"教给谁"时，要研究教学对象的数学现实；解决"如何教（学）"时，要遵从数学知识发展的逻辑规律；解决"教（学）得怎么样"时，要以数学知识的掌握情况作为核心指标。

综上所述，两条基本逻辑线索在交织联系的过程中产生多处关键节点，并且数学知识层面总是问题解决的起点和落脚点，伴随学生的认知过程和评价过程。因此，两条基本逻辑线索的关联节点又连接出一条逻辑线索，我们不妨称其为认知评价逻辑线索。归纳起来，数学教学设计的逻辑总线即为数学教学问题解决逻辑线；由逻辑总线可以分解为两条基本逻辑线，即数学内容层面逻辑线和设计程序层面逻辑线；由两条基本逻辑线本身演变可以得到四条相关的教学设计逻辑线，即知识逻辑线、教学逻辑线、学习逻辑线和认知评价逻辑线（简称"认知逻辑线"）。这四条逻辑线中的每一条逻辑线自身附带相关内容形成网络，并且四条逻辑线之间又具体呈现网络状的关联。从顺序上说，知识逻辑线及其产生的知识网络是教学设计考虑的首要内容和程序，教学逻辑线及其相关的教法网络、学习逻辑线及其相关的学法网络是教学设计考虑的第二内容和程序，认知评价逻辑线及其相关的认知网络是教学设计考虑的首要的也是最终的内容和程序。因此，四条教学设计逻辑线形成了首尾连接的网络，如图 5-2 所示。

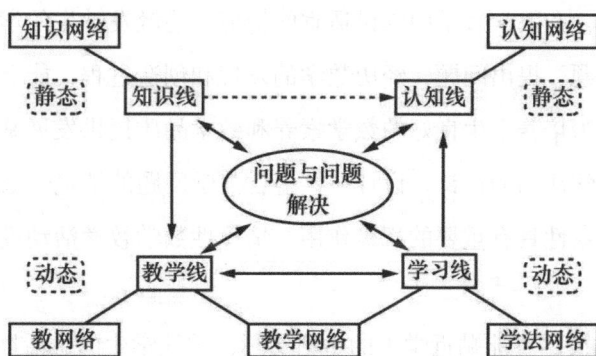

图 5-2　数学教学设计逻辑线与网络结构

教学设计是广义的教学活动，数学教学设计逻辑线与网络结构遵从数学教学逻辑。对于教学逻辑，朱德全教授早有深刻的论述。从教学的主客体关系来看，教学系统生成知识逻辑、教学逻辑、学习逻辑、认知逻辑，并且教学活动通过这四个逻辑组块之间的逻辑转化，促成教学双方的共振、共享和共赢，以实现教学有效化和有序化。有效和有序的逻辑转化生成复杂多样的教学网络类型，基于教学逻辑组块与网络类型的相互作用则形成教学网络组织系统同样的，数学教学设计逻辑线与网络结构形成类似的逻辑转化关系，促成教学预设的有效化和有序化。并且逻辑转化的过程要经历从知识的静态（知识的文本状态和学术状态）过程到教学预设的动态（教学活动的预设）过程的转化，再到认知评价的静态（教学目标的预设与教学成效的预评）过程。

（二）数学教学的活动设计

数学活动是学生经历数学化过程的活动，是学生自己建构数学知识的活动。它直接支撑并贯穿于数学教学的整个过程，其有效性决定了数学课堂教学的有效性。本质上，数学教学是数学活动的教学，也是思维活动的教学。由此，设计和组织学生数学活动时要特别注意一点：数学活动要体现数学的本质，即活动要蕴含数学化的过程。这样做的教育意义在于：学生通过亲历数学活动过程，能积累丰富的数学活动经验，更好地从数学本质上把握数学对象，理解数学知识和应用数学思想方法解决问题，并从中获得具有个性特征的感性认识、情感体验，提高数学素养和增强数学应用意识、创新精神等。数学活动有多种类型，下面列举几种典型的数学活动形式，并谈谈如何设计活动实现有效教学。

1. 情境性教学活动设计

情境是问题产生的土壤，情境是教学实施的伴奏，情境是探究活动的场域，情境是创造思维的源泉。因此，在数学教学中创设适宜的情境，能激发学生的学习兴趣和热情；能促使学生从中发现问题、提出问题，经历数学的发现和创造过程；能促使学生在情境中感悟数学、体验数学，为培养学生良好的数学素养和数学品质提供发展基础。数学有效活动的设计包含情境性数学活动的设计。设计一些蕴含数学问题的情境性数学活动并由此展开教学，对催生教学有效性具有重要的积极作用。情境性数学教学活动设计需注意以下几个方面：

（1）情境性活动要尽可能贴近学生的生活实际，关注学生的生活世界，重视学生的亲身体验，让学生真切地体会到数学来源于生活，数学就在我们身边，从而对数学产生亲切感。

（2）情境性活动要为本节课的教学内容服务，为达成教学目标奠定基础。

（3）情境性活动要蕴含明确的数学问题，便于让学生经历和体会数学学习中"问题情境—建立模型—解释应用—拓展"的过程，强化数学应用与建模意识，提高发现问题、提出问题、分析问题和解决问题的能力。

（4）情境性活动可以适当借助一些现代教育技术手段辅助进行。在情境性活动中，都可以采用现代教育技术手段模拟呈现情境，促进师生之间的交流、合作，为学生提供更多动手、动脑的机会，充分挖掘学生的潜能，展示学生的创新能力。

（5）情境性活动的设计要注意把握度。情境性活动是教学的"土壤"，是教学的种子赖以生存的环境，但教学的种子也不能一直埋在深处，经过一定的发展，教学的种子要生根、发芽，冲出土壤的环境向空中生长，汲取必需的养分。因此，教学的种子埋在情境性活动的"土壤"中的深度非常重要。过分追求情境性活动，会淡化数学内容的正当性教学，导致缺乏数学的深度和广度，甚至忽略对数学的一些本质问题的教学；反之，不重视情境性活动的教学设计，会使教学的种子在贫瘠的土壤中生长，缺乏丰富的养分。

（6）情境性活动的设计要注意多样化。不同的内容、不同的时机、不同的对象采用不同的情境性活动方式，让学生不再对数学下"枯燥、抽象、单调、难学"的定义。

2. 探究性教学活动设计

按《牛津英语辞典》的定义，探究是"探索知识或信息特别是求真的活动；是搜索、研究、调查、检验的活动；是提问和质疑的活动"。按《汉语大词典》的解释，探究是指"探究研究"，即努力找寻答案、解决问题。按《辞海》的解释，探究是指"深入探讨、反复研究"。探讨就是探求学问，探求真理和探本求源。探究包含两个过程，即"探"的过程和"究"的过程。"探"包括解题思路的探寻，数学规律的探索，数学问题的探讨，问题结论的发现，数学猜想的提出，数学命题的推广等；"究"包括数学规律的确证，数学问题背景的追查，数学对象之间逻辑关系的追究，数学问题结论的验证，数学猜想和命题推广的证明等。简单地说，"探"是弄清是什么的过程，"究"是弄清为什么的过程。探究性数学教学活动设计需注意以下几个方面。

（1）找准探究问题。问题是探究的出发点，没有问题，探究活动无从谈起，没有价值或没有思考力度的问题也无法实施探究过程，开展的活动难以诱发和激起学生的探究欲。因此，找准探究问题对设计探究活动至关重要。寻找探究问题要站在学生的思维角度进行，预计数学活动中可能会出现的思维"拐点"，造成学生悬而未决但又必须解决的问题点。

（2）探究的针对性。找准探究问题是探究的起点，按照这个起点，要围绕学习主题和学习过程开展有针对性的系列的探究活动，设计探究性数学活动要预设探究线路和预料多种情形，总体上把握探究的方向。针对所要完成的教学目标，不同的探究活动完成的目标有所不同，教学设计要制订不同的计划，采用相应的过程和方法。

（3）探究的真实性。开展探究的问题必须是学生真实遇到的数学或生活中的问题，而不是脱离学生实际或超出思维水平的问题，或者纯粹是学术上的抽象问题。只有这样，学生才能以自然的、积极的状态投入探究过程。在探究的过程中暴露教师和学生真实的思维过程，保护学生的思考和展示的积极性。

（4）方式的多样性。数学的探究活动应该保持思维活动的开放性，鼓励学生从多角度探究问题，因此，在设计探究活动时应考虑以多种方式进行，以此激发学生学习的主观能动性，引发学生积极分析和思考，让他们能够主动地从探究的一个阶段过渡到另一个阶段，从一种方法联想到另一种方法，这样可以慢慢打开学生广阔的思维空间，促进学生自主探究。

3. 认识性教学活动设计

在数学学习活动，尤其是低段数学学习活动中，有许多活动属于认知性活动，即对数学对象（如数学概念、几何对象等）形成初步的理解，建立概念认识、数量关系，发展空间观念、符号意识等。认识性活动往往是为后续学习积累基本活动经验和奠定知识基础，起着重要的铺垫作用。我们在设计这类数学活动时要采用一些有效策略，力图让学生经历从感性到理性、从具体到抽象、从现象到本质的循序渐进的认知过程。

（1）认识性数学教学活动的原则。在认识性数学活动中，要特别遵循三个原则：第一，要遵循现实性原则，即要以感性材料为基础，在学生原有知识的基础上结合学生的已有经验开展活动，进一步发展学生的"数学现实"；第二，要遵循科学性原则，即活动过程要从表象认识上升到理性认识，抓住数学本质，使用正确的数学表达，理解概念，认清新概念与已学概念间的关系；第三，要遵循应用性原则，即让学生在应用中巩固活动中学习的知识，形成知识体系。

此外，在认识性数学活动中，我们要特别引导学生达到两个条件：一是学生必须能从许多事物、事件上或情境中认识或抽象出它们的共有特征；二是学生必须能够辨别与概念相关或不相关的标志，以便进行区别、归纳这两个条件都是从学生角度提出的，换言之，学生的认识性活动对学生有一定的要求，学生必须具备一定的学习能力。在活动的整个过程中，教师的作用在于引导、点拨，为学生创设活动情境，组织认知活动，以便让学生完成知识的主动建构。

（2）认识性数学教学活动的步骤与策略。数学中认识性活动有多种对象，包括数学概念、几何对象、数理关系等。下面以概念形成过程为例，谈谈认识性数学活动设计的一般步骤和策略。

第一，创设情境，形成表象——"变化"图示。学生的认识从情境开始，并在情境中得以深入和发展。认识性数学活动本质上也是一种情境性活动，情境性活动最容易激活学生原有的认知经验。因此，教师在引导学生认识数学对象时，首先要创设适当的活动情境，唤醒学生原有认知经验，让学生在熟悉的场景中感知数学对象。教师创设情境的方式有很多，包括实物展示、动手操作、游戏活动、趣味故事、问题思考等。在运用这些方式的过程中，教师引导学生从活动中初步抽取学习的数学对象，使学生在头脑中形成学习内容的表象。

第二，抽象特征，初步理解——"固化"表征。引入概念，仅是概念教学的第一步，为了使学生真正达到理性认识，形成科学概念，教学中还要在感性认识的基础上，逐步抽象出概念的特征，并在此基础上进一步理解概念，以此让学生在头脑中形成学习内容的表象基础上，固化抽象出概念的特征。

第三，突出关键，解决问题——"深化"探究。学生在头脑中"固化"数学概念的特征后，对数学概念有了最基本的认识。但这个认识可能是粗浅、不完整的，或者表达不够准确，或者在头脑中并没有留下深层次的理解，不能抓住概念的最本质的内容和关键点，此时，教师可以从正面或反面设计相关的问题，引导学生解决问题，并对概念理解的疑难点、关键点进行深化探究，让学生从更深层面、更特殊情况、更一般情况或更本质方面对数学概念进行理解。

第四，实践应用，巩固理解——"强化"认知。概念的形成是一个特殊的心理过程。学生初步接触概念后，还需有一个去粗取精、去伪存真、由此及彼、由表及里的加工、概括、深化的过程，以逐步形成概念。通常由教师精心安排能巩固概念的计算、判断、解答等难易程度适度的问题来练习，或者安排一些实践活动来进一步深化概念的认识和理解。

认识性数学活动设计策略具有一定的程序结构，体现从感性到理性、从具体到抽象、从现象到本质、从理解到应用的逻辑过程，遵从学生认识事物的一般规律和特点。在设计和组织学生数学活动的整个过程中，我们要着力于突出数学的本质和强调高层次数学思维参与，即活动要突出数学本质和富含数学化的过程。

（三）数学习题的高效设计

数学有效教学是一项系统工程，牵涉的因素很多、很复杂，但毫无疑问，习题教学是实施有效教学的一个着力点。因此，设计好课堂习题是实施有效教学的前提之一，它直接影响课堂教学的有效性。数学习题设计应"以学生发展为本"为出发点与归宿，在其目的、选材、数量、难度和层次等多个方面遵循必要原则，并且在一些题目上要倡导一题多问、多题一解、一题多变、一题多解的多元化要求。

1. 数学习题设计的原则

数学习题有效设计要遵循五项原则，即明确性原则、就近性原则、适当性原则、适中性原则和层次性原则。

(1) 明确性原则。练习的主要目的在于让学生巩固与消化新知识、提升技能、发展能力，及时诊断教学中的问题和评估学生的学习效果。不能把课堂练习当成教学的"程式"，为"练习"而"练习"，更不能把课堂练习当成打压学生的工具或约束学生的一种手段。因此，教师在习题设计目的上要遵循明确性原则，做到心中有数，有的放矢，这样才能发挥习题的知识、教育或评价功能。

(2) 就近性原则。设计习题时，要本着从课本入手的就近原则，精选和深挖课本素材，不应舍近求远，盲目"引进"。对于课本中的习题的"取"和"舍"，都应有一定的依据，切实以学生练习的需要和实际情况为参照，切忌全部照搬和完全抛开课本内容的做法。对于能促使学生达到练习目的的习题要"取"，对于有"繁""难""易""会""重"等特点的习题要敢于舍或改。就近选材设计习题，可使学生更重视课本，抓住知识的源头，利于知识的自然生长。

(3) 适当性原则。数学教师应给每个学生挑选适合他们的问题，不催促学生，不追求解题数量，让每个学生经过努力都能成功。因此，数学习题设计在数量上应遵循适当性原则。数学练习"熟能生巧"是建立在一定数量前提下的，要把握度。某些习题（尤其是计算类题）的数量过少，会让学生掌握不了基本的解题要领，说不上"熟"，更勿论"巧"。相反地，如果习题的量超过了一定程度，又常常会导致赶作业、抄作业现象的发生，非但不能提高学习成效，反而还会加重学生负担，造成"熟能生笨"和"熟能生厌"的情况。

(4) 适中性原则。设计的习题整体上要适合思维能力层次不同的学生，遵循难度符合学生实际和需要的适中性原则。太难、太深的习题不能起到练习的作用，相反还会使学生受到打击，产生严重的挫折感，兴趣和情绪就会受到影响，甚至放弃努力，讨厌学习。难度过低又会让学生觉得索然无味，不利于激发学生的内在动机，也不利于扩展学生的知识技能，更不利于培养学生的创新能力和解决问题的能力。因此，习题设计要注意难度适中，注意难度、梯度的控制。

(5) 层次性原则。习题设计要以"不同的人在数学上得到不同的发展"为理念，遵循题组结构的层次性原则。尤其是对于班上学习水平差异较大的学生，习题设计要把握多层次结构。因此，习题的类型要有基础题、发展题、提高题的不同层次，以适应不同知识水平的学生学习的要求。对于一个题材有多个小问的设计，要注意各个小问之间的关联、递进层次，形成相互衔接、由易到难、循序渐进的结构层次。

2. 数学习题设计的要求

有责任心的教师与其穷于应付烦琐的数学内容和过量的题目，还不如适当选择某些有意义但又不太复杂的题目帮助学生发掘题目的各个方面，在指导学生解题的过程中，提高他们的才智与推理能力。因此，我们要尽可能利用好教材中的习题，精选好的题材，对习题进行再设计。"一题多问""多题一解""一题多变""一题多解"是习题设计的多元要求。

一题多问——问题的多向性。在习题的设计中，经常从同一题材出发，引出并列式或递进式的多个问题，形成"问题串"，以此强化某些新知识或新方法，这就是"一题多问"。"一题多问"是命题和解题角度的分散，是多向思维的一种基本形式。

多题一解——问题的多面性。具有同一本质内容的题目，以多种面貌出现，能培养学生抓问题本质的思维能力和提升学生的数学眼光。"多题一解"是命题角度的分散，解题角度的集中，也是多向思维的一种基本形式。

一题多变——问题的多变性。"一题多变"是多向思维的一种基本形式，它在命题角度和解法角度两个方面同时发散设计，"一题多变"的习题能让学生产生横向联想，发现解题的一般规律，解一题带一片，锻炼学生思维的灵活性、开放性和创造性，使学生真正掌握解题的"方法"。

一题多解——问题的多解性。数学中的问题多如海洋中的水，要突破"题海"，就要设计或精选以一当十的问题，这就要讲求"战术"，因此，解这种有价值问题的战术就是一种褒义的"题海战术"。"一题多解"是习题设计从解法角度要考虑的开放性问题，这种具有多解性的题目改变了问题情境、知识要素、思维过程等比较单一和封闭的模式，创设了多样化的、非线性的情境，能使学生形成由不同思维要素组成的、开放性的、非线性的思维系统，对于培养学生的创新思维能力有帮助。"一题多解"是命题角度的集中，解法角度的分散，是多向思维的一种基本形式。设计"一题多解"的习题能增大学生自我发挥的思维空间，调动学生的积极性，为教师进行方法的总结和提炼提供良好素材。

（1）数学问题改编方式。从问题的内容和结构视角来看，一个完整的求解类或证明类数学问题是一个系统，它包含了问题条件系统和问题结论系统两个子系统。因此，数学问题改编主要包含改变条件和改变结论两种基本方式。问题条件系统包含元素限定、构件模型、结构关联三大基本要素。其中，元素限定是指问题条件系统中组成构件元素的量化限定，如长度、面积、大小等数据限定；构件模型是指问题条件系统中包含的组成构件，如线段、直线、三角形、正方形、方程、函数等；结构关联是指问题条件系统中各组成构件间的结构关系或逻辑关系，如两直线相互垂直、直线与圆相切、两个数的和为常数等。而问题结论系统包含考察对象、设问层次、呈现方式三个要素。其中，考察对象是指问题结论系统的特指对象，如考察线段长度、考察三角形面积、考察函数的最大值等；设问层次是指问题结论系统中对同一个考察对象的多向设问结构或对多个考察对象的多级设问结构；呈现方式是指问题结论系统中对结论的要求和表述方式，如对考察对象的计算求解、证明、判断或设计等要求，从结论的开放性来看，分为开放型（含半开放型）和非开放型两类。

综上所述，数学问题改编的方式包含六种单一方式，两个或两个以上的单一改编方式组合的综合方式则包含多种。而对于问题系统中所蕴含的对情境的改编也属于问题改编方式，但这种方式是非本质的改编方式，暂不做讨论。

（2）数学问题改编要求。要对数学问题进行改编很容易，但要改编好一个数学问题却较难，需要注意改编问题的典型性、适切性、变化性、科学性和创新性，从而需要考虑多个方面的因素和要求。

第一，改编源自典型。数学问题改编围绕教学目标承载了改编者的教学意图，因此，改编时要突出主题内容且注意选材的典型性。数学问题改编要围绕教学重点或教学难点内容，突出教学的中心任务进行，以此确定改编的必要性，保障改编问题的价值需求。另外，改编的原本问题一般要从数学课本中的例题、习题取材，因为课本例题、习题都是经过反复锤炼的典型问题，采用课本例题、习题为原本问题也比较符合知识体系，如改编的原本问题属于"经久耐用"的课本习题，在中考、竞赛中多处都能见到其身影，堪称经典问题。

第二，改编切合学情。数学改编问题的最终使用者是教学的主体——学生，因此，改编者在对问题的改编过程中，要始终做到"心中有人"，要以学生的学习情况和水平层次作为衡量改编可行性的标尺。所以，改编后的数学问题要在内容、方法、难度、数量、情境等方面切合学情，具有适切性。根据教学的需求进行改编，若非必要不必改编，切忌"为改编而改编"。

第三，改编生于变化。数学问题存在一定的"数量关系"或"空间形式"，不管是"数量关系"还是"空间形式"，都存在一定的可变性。前面给出的六种问题改编方式就是基于原本问题中的条件系统和结论系统中某些因素的可变性。我们只要抓住了原本问题中的那些可变因素进行变换，就可以创造出各种改编题。问题系统中的"元素限定""构件模型""结构关联""考察对象""设问层次""呈现方式"只是从问题的内容和结构视角来看的最基本的可变因素。

第四，改编当以推敲。数学问题改编是一个需考虑周全而又细致的思维过程。改编过程中要对各种情况进行反复推敲，保障思维的严谨性和内容的科学性。改编的整个过程注意推敲六点：第一，内容是否依纲靠本（改编题不能偏离课标和课本要求，产生偏题、怪题或过难的题）；第二，数据是否准确适当（改编题中的所有数据要准确无误，不出现常识性、科学性错误）；第三，逻辑是否严密周全（改编题中所含的逻辑关系正确，若涉及分类时要不重不漏）；第四，表达是否简洁易懂（改编题的描述要尽可能使用切合学生当前学段的数学术语和熟悉的语言体系，并且要简明扼要）；第五，情境是否合情合理（改编题中所包含的情境信息要与现实情况接轨，符合情理）；第六，解答是否利于学生（与学生学习内容吻合，学生解答改编题后要有利于增长知识和提高能力）。

第五，改编贵在创新。改编问题与原本问题相比，要求蕴含某些新意，具有一定的创新性，并且创新性也正是改编题的魅力所在。改编问题的创新之处就在于改编处，其要求不仅是形式新，还有内容新，尤其是在解题方法上要有不同程度的丰富与创新。因此，改编问题与原本问题相比往往具有形式新、内容新、解法新等特点。形式新包括问题的情境新、结构新、表述新等；内容新主要体现在改编后的问题条件系统和结论系统的更新变化，包括元素限定、构件模型、结构关联、考察对象、设问层次、呈现方式等的变化；解法新是因为内容的变化可能致使问题解决的方法发生变化。

（四）数学试题的高效设计

唐代诗人王昌龄在《诗格》中指出："诗有三境：一曰物境，二曰情境，三曰意境。"物境获形，情境得情，意境取真，三境依次递进，物境是最低层，情境次之，意境为最高层。类似地，对于试题设计的创新策略而言，我们认为："题有三意：一为题意，二为立意，三为创意。"题意主要是指题的含义，即"告诉学生什么"，包括题的内容、题的表述、题的背景、题的求解等；立意是题意的主旨，即"考查学生什么"，是试题的考查意图；创意是评价题的新颖性和创造性，即"你认为怎么样"，"意"中，题意为表，立意为核，创意为魂，三者类别分明、层次清楚。数学试题的设计要着重考虑这三者。数学试题设计的基本要求在于知识，根本立意在于能力，魅力元素在于创新。对于数学试题，我们常常会设计一些具有创新性的问题来考查学生对数学问题的理解、观察、探究、猜测、抽象、概括、证明、表述的能力和创新意识，有助于真正实施素质教育和创新教育。

1. 陈题模型作改编

试题的设计并非要求完全性的原创，因为许多知识内容属于必需的，其问题的表述方式也较为常见。我们往往采取改编的手法，将一些陈题或数学模型进行改编而生成新题。这种改编化方式具有一定的创新性。改编的"原材料"往往取自于教科书的例题或习题、教辅资料、网络资源、往年高考题、往年竞赛题，或是古今中外的一些名题或经典数学模型。对陈题的改编方式通常有改变背景、换逆命题、引进参数、适度拓展等；而对模型的改编方式通常有改变背景、替换元素、调整结构、类比构造、特殊限定、一般推广等。经过改编的创新问题常有推陈出"新"的效果。

2. 探索创新的情境

新课标倡导"积极主动，勇于探索"的学习方式，探究发现型创新问题是考查学生探究意识和探究能力的重要形式。情境性又是探索发现型创新问题的一个显著特征，我们常常将探索发现型问题赋予一个具有数学背景的情境中，让学生在各种情境中开展尝试、判断、归纳、猜想、论证等活动。另外，链式情境的形式时有出现。链式情境是指从一个基本图形或基本式子开始按照某种规律演变，呈现环环相扣、层层渐变形式的问题情境。要求学生通过观察、联想、类比、试验、统计等方法，捕捉它们的本质属性，从而大胆猜测，得出归纳判断，在这个基础上再设法加以论证。链式情境的主要形式有"链式图形"和"链式法则"两种。

3. 生活中的数学化

数学源于生活，也还原于生活。我们可以在生活中提取一些适用于高中数学的生活素材，将生活中某些问题数学化，或是将高中数学中要测试的问题赋予生活背景，让学生用数学的思维解决实际生活中的问题，提高问题解决意识和实践能力，体现了"生活中有数学"的理念。实际生活中提取素材的来源非常广泛，主要包括以下几个方面。

（1）日常事件：将测试的内容和贴近学生生活的日常事件结合起来。如儿童营养套餐、节假日值班、职工体检抽样、品酒师职业能力测试、水库中鱼的养殖、学业测试、选课问题、灯笼制作问题、新种子发芽问题、零部件加工、学校知识竞赛、电视塔测量、装信封等各种日常事件。

（2）焦点热点：将要测试的内容和近期国际国内的焦点、热点问题结合起来。

（3）民生民计：将要测试的内容和政府与社会大众广泛关注的民生民计问题结合起来。

（4）科技活动：将要测试的数学知识与数学能力和科技活动结合起来。

（5）体育竞赛：将要测试的数学知识与数学能力和体育竞赛活动结合起来。

（6）商业活动：将要测试的数学知识与数学能力和商业活动结合起来。

4. 知识的纵横交汇

试题的设计要从学科的整体高度和思维价值的高度考虑问题，在知识网络的交汇点处设计试题，使对数学基础知识的考查达到必要的深度。因此，有些创新问题很自然地从数学知识的横向、纵向的网络交汇处来设计，测试学生对知识的综合应用能力。这种"嫁接式"的问题称为知识交汇型创新问题。知识交汇型创新问题从不同角度来看有不同的类型。

（1）从试题构成形态的角度来看，可分为显性交汇和隐性交汇。显性交汇即从题面上就可看出知识的交汇，而隐性交汇是指从题面上看不出知识的交汇，随着对问题的深入解读，显出需利用其他板块知识协同配合才能实现问题的解决。

（2）从测试知识交汇的形式来看，可分为横向交汇和纵向交汇。

横向交汇，即指以某一知识模块为主体，横向联系其他知识模块的形式，跨度较大，可称为"大交汇"。它又包含两种情形：第一，知识模块间交汇。以函数、圆锥曲线、立体几何、数列等知识模块之一为主体的交汇型问题，这样的问题很常见，交汇的形式也多样，有一定的创新性。例如以立体几何为主体的知识交汇型问题在许多试题中都能见到，较为普遍的是立体几何与向量、三角函数、函数、方程、不等式、解析几何、逻辑用语等知识的交汇。第二，学科知识间交汇。数学与物理、化学、生物等学科知识的交汇。

纵向交汇，即指同一模块知识间体现知识点的交错演变的形式。从某种程度上说是同一知识模块间的横向交汇，跨度较小，可称为"小交汇"。如立体几何中的点、线、面的交汇，平面解析几何中的直线、圆、椭圆、双曲线、抛物线等知识的交汇。

5. 自主定义的泛迁

自主定义型创新问题是指按照某种数学关系重新定义一些信息，要求学生根据定义的信息来解决问题。这些信息通常包括新的概念、新的运算、新的性质、新的规则等，因其"超常规"的思维意识和"异教材"的知识形态而具有一定创新性和自主性，但这类问题测试的知识和能力水平并不超过大纲要求和高中生普遍所具备的认知能力。在设计这类问题的过程中所依据的这种数学关系或数学模型往往具有"原型"，这种"原型"存在于学生已学的数学知识中，或存在于未学的数学知识中，可以直接取用这些"原型"或通过泛化、衍生、迁移、综合等方式定义新信息来设计问题。

6. 模拟数学的实验

操作实验型创新问题是指将一个物品或图形通过折叠、剪拼、堆放、拆合、透视等动态变换方式，得到新的物品或图形，再研究其几何性质或数量关系的操作型试题。这类问题可分为观察型、验证型、探索型三种类型。完成这种问题因条件限制而非真正动手完成，因而这是一种模拟化的操作实验。相应地，设计者的设计方式也采用模拟化方式，其种类有折叠型、剪拼型、拆合型、堆放型、透视型等模拟化方式。

7. 开放认知的评价

认知评价型创新问题就是要求学生利用所学知识，对数学概念、数学规律、数学模型的理解的正确性进行鉴别，对数学问题的推理过程的合理性作出评价，或按照题目要求进行列举、猜想、设计等以获得正确感知与理解的一类题目。其最大的特点是开放性，因此，对这类题的设计采用开放化策略。设计开放性试题，开放的类型有结论开放型、条件开放型和条件结论均开放型。

8. 文化背景的融合

数学中常常出现一些数学文化创新型问题。通常将蕴含浓厚文化气息的素材与数学知识、原理和方法融于一体，突出对数学思想方法的考查，强调数学的文化价值。

以上探讨的数学试题创新设计策略仅为设计策略中的一部分，且这些策略之间可以交融。事实上，试题设计往往是多种策略并用的结果，是设计者的知识、能力、智慧的结晶。

三、高中数学高效课堂教学的具体策略

（一）数学概念教学的具体策略

数学概念教学中，理解数学概念的内涵和外延、概念间的关系、下定义的方式，以及数学概念获得的方式，是保障概念教学有效性的前提。

1. 数学概念内涵与外延

概念是反映事物本质属性和特征的思维形式。数学概念是反映现实世界数量关系和空间形式本质属性的思维形式。它是数学思维和数学知识的细胞，是构筑数学理论大厦的基石，是学生学习数学的基础。学生对数学概念的理解与掌握的程度如何，在很大程度上决定着对数学知识的理解和掌握程度。

概念的内涵和外延是概念的逻辑特征，每个概念都是其内涵与外延的统一体。概念的内涵也称内包，是指概念所反映的这类事物的共同本质，是对概念的质的规定。概念的外延也称外包，是指概念所反映的这类事物的全体，是对概念的量的描述。

数学概念一般由以下基本成分构成：数学概念名称、数学概念定义、数学概念例证、数学概念属性。例如，平行四边形这一概念的内涵是其本质属性，包括对边平行、对边相等、对角相等、对角线互相平分等；它的外延是全体平行四边形。

概念的内涵严格地限定了概念的外延；反过来，概念的外延也完全确定了概念的内涵。此外，概念的内涵与外延之间还表现为一定的反变关系，即当增加一个概念的内涵时，就会得到使概念的外延缩小的一个新概念；当减少一个概念的内涵时，就会得到使这个概念外延扩大的一个新概念。

数学概念的内涵和外延是在一定的数学科学体系中来认识的。例如，角的概念在平面几何中和在平面三角中的内涵和外延均不同，概念的内涵和外延是发展的。

2. 数学概念的获得方式

心理学研究表明，概念的获得包括概念形成与概念同化两种方式。数学概念的获得对应有两种方式，即数学概念的形成与数学概念的同化。

（1）数学概念的形成。概念形成就是让学生从大量同类事物的不同例证中发现同类事物的本质属性，从而形成概念的过程。因此，数学概念的形成实质上是从一类数学对象中抽象出其共同本质属性的过程。数学概念形成的一般过程如下：

第一，辨别实例，概括属性。即辨别一类数学对象的不同例子，并概括出各例的共同属性。

第二，抽象本质，提出假设。即抽象出各个例子的共同的本质属性，提出关于属性的假设，并加以检验。

第三，联系旧知，区分概念。即把本质属性与原认知结构中的适当的知识联系起来，使新概念与已知的有关概念区别开来。

第四，推广应用，明确外延。即把新概念的关键属性推广到同类事物中去，以明确它的外延。这既是一个在更大范围内检验和修正概念定义的过程，又是一个应用概念的过程，让学生真正理解概念的本质特征。

第五，重组结构，符号表达。扩大或改组原有数学认知结构，用习惯的形式符号表示新概念，把符号与它所代表的实质内容联系起来，使学生在看到符号时就能联想起符号所代表的概念及其本质特征。

（2）数学概念的同化。概念同化是利用学生认知结构中的原有概念，以定义的方式直接向学生揭示概念的本质属性。数学概念的同化实质上是让学生在学习新知识时将新知识与原有的数学认知结构中相适应的部分相联系，通过新旧知识的相互作用，把新知识纳入原有的知识结构中去，从而扩大知识结构的方法。数学概念同化的一般过程如下：

第一，给出定义，揭示属性。即揭示数学概念的关键属性，给出定义、名称和符号。

第二，辨析概念，突出本质。即对概念进行特殊的分类，讨论这个新概念所包含的各种特例，突出概念的本质特征，明确其内涵与外延。

第三，联系旧知，同化概念。即使新概念与已有认知结构中的有关观念建立联系，把新观念纳入已有数学概念体系中，同化新概念。

第四，巩固应用，分化概念。即用肯定例子和否定例子让学生辨认，使新概念与已有认知结构中的相关概念分化，区别于原有认知结构中的某些概念。

第五，融合概念，形成整体。即把新概念纳入相应的数学概念体系中，使有关概念融会贯通，形成一个整体。

3. 数学概念的教学方法

数学概念教学的一般过程包括概念的引入、形成、辨析、应用等，在这个过程中要重视采取以下有效措施。

（1）注重数学概念的引入。一般而言，学习一个新概念，首先应让学生体会和认识学习的必要性，包括明确学习这一概念的意义，了解概念的作用，引发学生学习的动机。这就是概念引入环节的主要目的和任务。新概念的引入方式一般可分为两大类：一类是在学生原有概念的基础上引入新概念；另一类是以感性材料为基础或从解决实际问题的需要出发引入新概念。

学生已有的知识也是引入新概念的直观背景材料，尽管这些知识本身也是抽象的，但学生已经熟悉，因此也是相对直观、具体的。尤其是数学概念间的逻辑关系，也给新概念的引入提供了前提和基础，分析概念间的逻辑关系，也就揭示了引入概念的必要性和合理性。具体做法：通过与原有概念类比引入新概念；通过对已有概念的限定或概括引入新概念；通过运算间的关系引入新概念；通过揭示事物发生的过程引入新概念。

数学的许多概念都有着丰富的现实背景，这不仅可以使学生了解数学的作用，而且为引入数学概念提供很好的素材。在教学中，教师要引导学生分析日常生活和生产劳动中的实际实例，通过观察有关的实物、图示、模型等直观感性素材，在此基础上舍去其非本质属性，突出其本质属性，从而引入数学新概念。例如，在引入"平行线"概念时，可以先给学生一些熟悉的实例，如两条笔直的铁轨，黑板的上下边缘，同一墙面的两条墙角线等，给学生"平行线"的感性认识，然后引导学生提炼出"平行"的本质属性，逐步抽象出"平行线"的概念。另外，也可以通过实际实例，提出数学问题，通过解决这些实际问题来引入新概念。例如，负数概念可以从收入与支出、输球和赢球、盈利和亏本等实际问题引入。

（2）强调数学概念的获得。数学概念教学中，经常有重结果轻过程的现象，教师关注概念背景和应用不够，对数学概念的形成过程不重视，导致学习过程不完整。因此，要开展数学概念的有效教学，须建立在学生的生活经验和数学现实的基础上，重视概念的获得过程。前面提到，数学概念的获得有"概念的形成"和"概念的同化"两种形式，教师要根据数学概念的具体内容和学生情况选择合适的方式，并且在教学的过程中分别遵守其一般过程。在概念获得的过程中，既要帮助学生形成对概念内涵的丰富认识，又要帮助学生形成比较和分类、概括和抽象的能力，还要帮助学生提升准确、简练和严谨的数学语言表达水平。

（3）加强数学概念的理解。数学概念的理解是概念教学的中心环节，理解数学概念就是要准确地掌握数学概念的内涵和外延。为了让学生理解数学概念，首先，要让学生分清概念的内涵和外延，并能正确表述概念的本质属性。在实际教学中，由于对内涵认识不清，往往造成学习与理解的许多困难与错误。学生区分不出概念的本质属性，把非本质属性当作内涵。外延与内涵是紧密相连的，外延是随着数学活动经验的不断丰富而逐步深入的，因此，学生理解概念的外延往往比内涵更为困难。其次，了解概念的来源，能够正确地运用概念。最后，要让学生清楚概念间的关系，掌握有关概念间的逻辑关系，会对概念进行分类，从而形成概念体系。为使学生掌握概念的内涵，教师应该多给出概念类别的例子进行对比和类比。对比可以找出概念之间的差异，类比可以发现概念之间的相同或者相似之处。例如，因式、公因式、因式分解，最简分式、分式运算、解分式方程等概念之间都有内在联系，通过概念间的对比、辨析，更加明确概念的系统性，便于加深对概念的理解，强化记忆。

建构主义理论认为，数学只是不可能以实体的形式存在于个体之外。真正的理解只能是由学习者基于自身的经验背景而建立起来。理解，取决于个人特定情况下的学习活动过程，否则就是死记硬背或生吞活剥，是被动的复制式的学习这里，建构主义非常强调"学生是学习的主体"。学生对数学概念的真正理解还建立在自身的体验和对新概念的内化上。对数学概念的理解，不同学段的学生，理解的方式有所不同，中学生对数学概念的理解借助自身的经历和已有知识基础相对更容易。

（4）强化数学概念的表述。重视数学概念的表述就是要准确地掌握概念的定义、名称、符号、图形、文字表述和口头表述。重视数学概念的表达有利于培养学生的数学表达能力，促进交流与传播数学思想，对启发学生思维有重要意义。概念定义是从具体到抽象的升华与凝聚，是概念学习的高级阶段。同时也是通过已有概念与关系建立新概念，揭示事物的本质属性。除原始概念外，作为逻辑严谨的数学概念，每一个概念都有严格的定义，它是数学严谨性、抽象性、应用性的前提与基础。同时它是言语的或符号的命题。形式化语言（尤其是使用符号语言）的叙述必须反映出概念的本质属性和这些属性结合的规则。

（5）重视数学概念的运用。数学的运算、推理和证明是以有关概念为依据的，概念的运用至关重要。概念运用的过程是抽象到具体的过程，这个过程比其逆过程更难。运用概念，首先，可以巩固并加深所学的概念；其次，可以发展数学概念，有利于理解数学概念间的联系，使各个概念在运用过程中形成概念体系；最后，运用概念能强化学生应用数学概念的意识，提高数学化意识和强化概念解题意识。

（二）引导学生思考的具体策略

高效的数学课堂应充满智慧，智慧的数学课堂应表现出学生"积极思考"的状态。学生"积极思考"的状态是衡量高效课堂的一个重要指标。《义务教育数学课程标准》指出:"积极思考"是学习数学的重要方式之一,"积极思考"作为内隐的心理活动来看,是指学生围绕问题的解决过程主动地开展思维活动的过程,属于元认知体验范畴;而作为外显的行为表现来看,又是一种主动参与的学习方式和学习状态。它是促进课堂有效教学行为发生的着力点,对推动教学进程发挥动力作用。因此,数学教师在教学中要善于引导学生积极思考。

教师引导学生积极思考的关键在于要在教学过程中利用好引起学生积极思考的"触发点"。这里所谓的"触发点",是指引发、触动思考的"开关"或"契机",也是开启和维持思维活动的动力机制。从课堂教学进程来看,"触发点"的产生有多个不同的来源,并在各个教学环节中发挥着关键作用,如图5-3所示。六个"触发点"形成的结构是课堂教学系统的一个层面,也是一个开放的子系统。又因为数学教学过程实质上是数学问题解决的认知过程所以积极思考的过程始终附着于问题的解决过程,则"触发点"形成的逻辑线索符合教学过程中的问题线。教师若能把握好引起学生积极思考的"触发点",就能在有限的时空里开展无限的思维活动,并以此扩充数学课堂的知识广度、思想深度和智能厚度,从而实现高效教学。

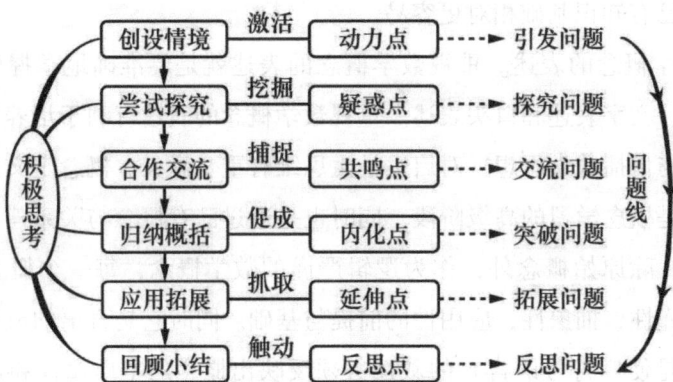

图5-3　积极思考的六个"触发点"

1. 在创设情境中激活动力点

情境认知理论认为,任何数学知识都是与情境相关的,换言之,要将数学知识的教与学置于一个情境脉络之中,这是知识本性所决定的。因此,学生的积极思考应根植于一定的情境土壤,思考的动力来源与情境土壤的营养成分密切相关。有价值的教学情境应该是在生动的情境中蕴含着一些有思考力度的数学问题,即能让学生"触景生思",这是评价数学情境是否有效的核心要素。但是,有价值、有营养的教学情境未必能引起学生积极思考的"胃口"。如果教师善于创设突出生活性、新奇性、趣味性或挑战性等特点的教学情境，这种情境就会激活学生思考的"动力点"，对问题产生思考的动力，思维与情境就容易达成无缝衔接。

2. 在尝试探究中挖掘疑惑点

数学探究是指学生围绕某个数学问题，自主探究、学习的过程。这个过程包括观察分析数学事实，提出有意义的数学问题，猜测、探求适当的数学结论和规律，给出解释或证明。整个过程就是学生积极思考的活动载体，学生积极思考的目标指向就是自主突破问题疑难，使问题得以解决。在这个过程中，学生产生疑惑的心理是很正常的现象，并且还会伴生释疑解难的心理倾向。在这种心理倾向下，学生往往会围绕问题通过积极思考尝试经历从未知到已知、从困惑到明朗、从不会到学会的认知体验过程。在对问题的尝试探究中，疑惑的心理现象主要发生在数学知识发生发展的生长点和衔接点、数学思想方法的转折点、数学思维的症结点等处。对于这些生长点、衔接点、转折点和症结点处所发生的疑惑点，教师不仅不能忽视，相反还要挖掘并暴露出来，以此有效激发学生的问题意识和求知欲，形成积极思考的内在动力。

3. 在合作交流中捕捉共鸣点

课堂中的合作交流突破了个体为中心的学习界域，是对话教学的体现形式之一。并且它是以对话为精神的教学，是对话主体从各自的理解出发，以语言文字等为媒介，以沟通为方式，以意义的生成为实践旨趣，促进主体取得更大的视界融合的一种活动，合作交流展现的是民主、平等的师生关系，营造的是无拘无束的内心敞亮和积极主动的互动交往氛围。在和谐的师生关系和积极主动的互动交往氛围中，能有效激活和呵护学生积极思考的意识。从对话的交互作用视角来看，对话教学中的合作交流是思想外显和意义内化的双向交融过程。而这种交融的过程得以持续的动力在于不断地探求"视界融合"，即以沟通为方式，以问题为驱动，从师生（含生生）最初的"视界分离"转变到最终的"视界融合"。这种转变过程中师生都经历了积极思考的过程，逐步达成了言语共鸣、情感共鸣、认知共鸣或思想共鸣。

4. 在归纳概括中促成内化点

学习是学习者在头脑中应用已有认知结构来内化新知识的过程，已有的认知结构在心理学中称为"认知内化点"。学生在数学学习中，利用内化点中原有的概念、定理、公式等旧知识通过思维活动固化与之有联系的新知识，并相互作用的过程就是知识的内化过程。内化的结果一方面是对新知识形成理解，获得知识的心理意义；另一方面是原有认知结构将新知识纳入其中，自身得以改造与重组，形成新的认知结构。学生对知识的内化过程无疑是一个复杂的过程。在该过程中，学生会将新知识的上位知识和下位知识与新知识在头脑中进行统整，使其成为畅通的知识网络或板块，最终实现知识的全方位理解。而要达到这一点，教师或学生要将材料（如例题、习题等）蕴含的离散信息进行归纳概括，变成已掌握知识相关联的有序内化点。

5. 在应用拓展中抓取延伸点

当学生对所学知识达到一定的理解程度时，教师要适时引导学生进行横向延拓或纵向探索，即学生对新学知识在横向上与已学知识建立广泛联系，在纵向上加强思维的量度和深度，使他们对新知的理解更为透彻，便于在头脑中形成新的认知网络结构。在数学课堂中，引导学生对新知进行横向延拓或纵向探索往往在应用拓展环节，并且是有梯度的逐步推进。在这一环节中蕴含着学生积极思考的"触发点"。而触发学生积极思考的方式经常是采用变式延伸，即将某一个可变式的问题，围绕新学知识进行衍变，延伸出多个新问题，以此巩固或提升对知识的认知，我们把这种可变式的问题称为"延伸点"。教师要善于抓取"延伸点"拓展出新问题来激发学生积极思考。

6. 在回顾小结中触动反思点

反思是思维的一种形式，是个体在头脑中对问题进行反复、严肃、执着的沉思。这种沉思是一个能动的、审慎的认知加工过程。所以反思可以看作一种高级认知活动，是一种特殊的问题解决。反思也是思考的另一种表达形式，反思就是思考。在数学课堂小结中，让学生进行回顾性反思，经过"能动的、审慎的"的认知加工过程有利于对知识、方法等学习内容的深层次理解，升华学习内容，将学习进程推向高潮。但是，要保障反思的有序性和有效性，需要教师以问题为导线，触动学生的"反思点"，以此触发学生的积极思考。事实上，数学课堂教学进程中能引起学生积极思考的"触发点"远不止上面列出的六个，并且不同教师引导的方式各有不同。要引导学生积极思考，最重要的是教师要随时关注学生、灵活地调控课堂，不拘泥于程序化教学，以积极思考的意识营造积极思考的氛围，以积极思考的方式拓展智能灵动的生态空间。

（三）引导学生解题的具体策略

1. "双向"策略

（1）动静转换。动和静是表现事物状态的两个侧面，它们相比较而存在，依情况而转化，动中有静，静中寓动在数学解题中，我们常常用"动"与"静"的双向转换策略来处理数量或形态问题。用动态的观点来处理静态的问题谓之"动中求静"。例如，常数看成变数的取值，将静止状态看成运动过程的瞬间；反过来，以静态的量或形来研究动态问题谓之"以静制动"。例如，用一个字母代替无限的、变动的取值，同一个方程表示动点的轨迹等。变换法、局部调整法、递推法、交轨法等，都体现了动静转换的策略。

（2）分合更替。分与合是任何事物构成的辩证形式之一。在数学解题中，我们常常将求解问题分割或分解成多个较小的且易于解决的问题。这体现了由大化小、由整体化为部分、由一般化为特殊的解决问题的方法，其研究方向基本是"分"，但在逐一解决小问题之后，还必须把它们综合在一起，这又是"合"，这就是分类讨论和整合的思想策略。有时也反过来，把求解的问题纳入较大的合成问题中，寓分于合、以合求分，使原问题迎刃而解。

（3）进退互化。顺势推进是人们认识事物或解决问题的自然过程。但是，这种过程有时不是平坦的，并不能直达目的，这时往往采用迂回策略，即以退为进，或先进后退才能达到目的。这种进退互化的迂回策略正是解决问题的一种重要的辩证思维。

（4）正反辅助。从条件出发，借助已知模型或方法进行正面的、顺向的思考是我们解决高考题的常用思路，然而，事物往往是互为因果的，具有双向性和可逆性的特征。如果正向思维受阻，那么"顺难则逆，直难则曲，正难则反"，顺向推导有困难就逆向推导，直接证明有困难就逆向证明，正面求解有困难就反向逆找，探求问题的可能性有困难就探求不可能性，等式证明从左到右不顺利就从右到左。在具体应用中，分析法、逆推法、反证法、同一法、举反例、常量与变量的换位、公式的逆用、补集思想解题的技巧等都体现了逆向思考。

（5）高低相映。数学解题中，当遇到不熟悉的问题情境或是复杂的模型而不易着力时，我们常常将之进行拔高或降低，使之与我们熟悉的研究对象建立联系，通过"以低映高"或"以高看低"来研究原问题。这是一种以转换的方式来间接解决问题的重要策略。其常见的做法是高维与低维（立体、平面问题的转化）、高阶与低阶（组合恒等式的变换）、高次与低次（等式两边的平方、开方的转换）的转化。

（6）放缩搭配。当数学问题中出现不等关系时，往往要用不等式的性质和一些结论来解决问题，其中放缩法是一种重要的工具。放缩法是一种有意识地对相关的数或者式子的取值进行放大或缩小的方法。如果能够灵活掌握运用这种方法，对比较大小、不等式的证明等部分数学试题的解题能起到很好的效果。放缩法按照不等式的方向有放大和缩小的情况。利用不等式的传递性放缩时，对照目标进行合情合理的放大和缩小，在使用放缩法证题时要注意放和缩的"度"，否则就不能同向传递了。放缩法具有非常灵活的技巧，有时一个问题中既要采用放大的方法，也要采用缩小的方法，二者注意搭配使用。

（7）虚实反演。由于复数是随着数学自身和生产、科学的发展需要而在实数的基础上扩充的，因而与实数有着密切的关系。因此，许多复数问题如能依据其特征化虚为实，便能迅速找到解题的突破口，使问题获解。而有时数学问题中又含有实数对问题，或者具有长度和方向问题，则又可以将实数问题转化为虚数问题来解决，这样可以达到事半功倍的效果。

解题旅途中有很多"路标"，这些"路标"代表了不同的行进"路径"，除了"动"与"静"、"分"与"合"、"进"与"退"、"正"与"反"、"高"与"低"、"放"与"缩"、"虚"与"实"外，还有"缓"与"急"、"内"与"外"、"繁"与"简"、"长"与"短"、"大"与"小"等。这些"两极"路径代表了不同的双向选择，如果选择合适，将走得更畅、更健、更远。

2. "多想少算"策略

（1）巧用定理，直奔主题。在某些数学问题求解中，恰当使用一些定理或重要结论往往能简化运算步骤，甚至能直接得出结论，收到奇效。

（2）数形结合，相得益彰。数形结合是重要的数学思想方法，应用非常广泛。在解高考题，面对抽象的问题或较复杂的表述时，要考虑是否能将"数"的问题用"形"来直观表达，或是将"形"的呈现用"数"来刻画，以此借助数与形的各自优势辅助解题。

（3）特值代换，事半功倍。特殊蕴含一般，故一般可由特殊加以检测。特值代换是"多想少算"的常用策略。在求解数学问题时，通过代入关键性的特殊值对问题进行探索，可以考虑在特殊条件下的结论是否成立。

（4）极限分析，直透本质。在对一些动态性问题的求解中，结合极限思想来分析问题的动态情况，更能把握问题中某些变量"变"的规律和某些变量中存在的不变关系，从而直透问题的本质。采用极限分析策略有利于加深对问题的理解、寻找解题思路、发现问题结论和优化解题方法。

（5）语义转化，变向求解。语义转化策略类似于翻译，将一种数学语言形式翻译成另一种数学语言形式或由一种形式意义翻译成另一种形式意义，是转化与化归思想的一种体现形式。在数学解题中，根据问题的条件进行语义转化可以激活问题的背景空间，将问题的求解通过更为熟悉的模型而变向求解。数形结合思想方法的应用本质上是对同一数学对象进行代数释义与几何释义的互补。

（6）换元消元，化繁为简。面对多元问题或具有复杂结构的变元问题，为了简化结构和便于运算，经常考虑先对问题中的变元进行换元或消元处理。

（7）分类整合，逐个击破。在解答某些数学问题时，有时需要对各种情况进行分类，并逐类处理，然后综合得解，这就是分类与整合的思想。分类整合策略体现了化整为零、积零为整的思想和过程，反映了面对整体困难，采取"分而化之""逐个击破"的解题智慧。

（8）合理猜想，直觉感知。解题者在解题中有时因顾虑失去解题的严密性和可靠性，开展步步为营的推理，导致思维僵化，解题过程复杂而烦琐，解题效率低下。对于某些数学问题的求解，我们或许不必步步加以精细地推理，只需通过观察，略作验算，对关键点进行甄别即可。因此，对于某些高考数学的客观问题不妨展开合理猜想，培养观察、猜想、估计以及直觉思维的能力和敏锐的数学眼光。

四、大数据时代高中数学高效课堂构建

长期以来，数学教育在高中阶段都占据重要的地位，如今信息化时代的到来更推动了数学教学的变革，传统的教学观念与教学模式已然不适应当今社会的发展潮流，在大数据的时代背景下，教师要将丰富的教学资源进行整合，从而实现课堂教学的高效开展。

（一）利用大数据明确教学重点

第一，精准实施课堂教学。教师应先利用网络在大数据中找到能提起学生兴趣的内容，并结合自己的教学目标明确教学重点，从而实施精准高效的课堂教学。

第二，提高学生解题能力。教师在进行数学知识教学时，应有针对性地提高学生的解题能力，这就要求教师利用大数据的手段，通过将学生的试卷录入计算机，分析出学生的解题思路以及题目的正确率，教师根据计算机分析出的数据，再为学生针对性地解决数学问题。这种方法可以让教师更明确学生不懂的地方以及不同的解题方法，在为学生解决难点问题的同时，还能给学生提供不同的解题思路，从而提高学生的解题能力。

（二）使用大数据培养数学思维

第一，开发智慧潜能。在高中阶段的数学教学中，除了要让学生掌握基础知识以外，还需要对他们进行智慧潜能的开发，在这方面，大数据的应用起到了至关重要的作用。在数学教学过程中，教师运用大数据将统计、整理、计算综合起来，处理学生的相关数据，有利于提升学生的创造力和对数学的敏感程度。

第二，发展数学核心素养。大数据展现给学生的世界是大于传统的书本化知识的，有助于开阔学生的眼界。因此，教师应不断应用大数据，让学生在遇到数学问题时不仅能寻求课本和教师的帮助，更能从其他资源中获得知识，吸取精华。大数据改变了传统的师生关系，让教师主要发挥其引导作用，使学生的数学核心修养得以发展。

（三）基于大数据掌握学习情况

第一，分析学生的学习问题。在信息化高速发展的新形势下，大数据的力量，也应不断应用在数学教育中，教师应利用大数据处理信息的高效率，针对学生在学习中遇到的关键问题进行整合和分析，再综合各种情况分析整个班级的问题。另外，教师也可以在学生入学时就对他们进行考核，并将每一次的考核情况都录入计算机，通过大数据对其进行处理后，再根据学生在各个阶段不同的变化更新数据，从而掌握学生具体的学习情况，并且根据学生遇到的具体问题提出针对性的解决方法，使得学生学习数学的效率更加高效。

第二，因材施教。在以往传统的教学模式中，因材施教并没有体现出来。然而在当前的大数据时代，学生开始逐渐成为课堂的主体，有了充分的自主性，并且更能展示自己的个性，教师对学生的了解也有所加强，这就要求教师在此基础上切实履行因材施教这一原则，培养学生的综合能力。

综上所述，在数据化逐渐加深的未来，教师在进行数学教育时，应逐渐转变传统的教学观念与手段，将数据化分析引进课堂，增加学生对于数学的学习兴趣。此外，教师在进行数学教学的同时，还应注重运用数据来开发学生的智慧潜能，培养学生数学思维，使学生跟上时代发展。

第三节　极课大数据下的高中数学精准课堂教学

随着现代化信息技术的快速发展，大数据挖掘技术被广泛应用到各个领域中，其不仅提高了工作效率，而且提高了工作质量。通过大数据技术对相关数据进行深入分析，可以提高数据的实用价值。"极课大数据是一种集基础教育的学业信息采集与学情追踪反馈于一体的先进教育工具。"[1] 这种技术主要基于自主研发的图像算法及一些数据模型理论，以数据驱动的方式优化学习过程，以大数据思维提升现有教学流程，实现个性化的教与学过程。教师通过极课大数据对学生的各类作业及测试进行扫描批阅，从大量信息中获取关键信息，及时掌握学生的学习状况，了解每名学生的薄弱项，进行有针对性的分层辅导，实现提高学习质量的目标。

一、极课大数据的基本功能与应用特点

(一) 极课大数据的基本功能

极课大数据系统包括教师端、学生端和家长端，具有以下主要功能：①查看每次作业

---

①章建锋，范永明. 基于极课大数据的高中数学精准课堂教学研究 [J]. 数学学习与研究，2021 (2)：88.

和考试的成绩、年级排名等；②生成历次作业和考试的成绩排名走势图；③推送每次作业和测试中的错题，提供试题来源、知识点、作答情况和答案与解析等资料下载；④设置每周错题重做和错题整理的提分任务；⑤提供个人薄弱项分析。学生的这些信息都是教师实施精准化教学的重要依据。教师端可显示班级学生作业的完成情况，教师可以从中得到以下信息：①每题的正确率；②正确率较低的作业题学生错选了哪些选项。

除此之外，极课大数据系统还可以生成每次作业或考试的成绩报表，有以下方面：①班级学情表格；②班级分数段分布图；③试题难度与区分度图；④年级大题均分对比表；⑤年级小题均分对比表；⑥班级小题作答详情表。认真研究这些数据，教师可以从中发现学生学习的差异和判断教学效果，从而调整教学方式。

（二）极课大数据的应用特点

1. 统计全面，针对性强

极课大数据生成的学情分析图表比教师根据传统作业制作的学情分析图表更及时，更全面。在传统的教学课堂中，教师只能在收作业并批阅后了解学生的作业完成情况，具有明显的滞后性，同时传统的作业数据统计由教师一人完成。因精力受限，教师在宏观上对学生个体、班级和年级有一定的了解，但往往不能精确了解某一题口的错误率等。若教师借助极课大数据系统，则会对各种数据一目了然，可以根据需要选择使用，将自己任教的班级和其他班级的检测情况进行比较，做到心中有数，这样教学的针对性也就突出了。

2. 层次鲜明，突出重点

极课大数据统计的数据种类齐全且层次分明，教师在组织课堂教学时借助极课大数据，能够对学情有清晰的了解，从而准确找出教学重点，使课堂教学更有针对性。教师还可以借助极课大数据将本班成绩和年级均分进行对比，在讲解每道题口的时候做到心中有数。极课大数据为教师实施精准化的课堂教学指明了方向。

二、极课大数据下数学精准课堂教学的实践

极课大数据是学业信息采集与学情追踪反馈的系统，具有教学反馈功能和激励功能，能帮助教师和学生了解自己。

（一）年级学情分析与课堂反馈

当下，一些学校往往通过统考和联考来评价教学质量。这一方式从某种程度上加剧了教学的功利性，同时制约了学校的个性化教学。极课大数据系统给出了另一种评价方

法——将当前学生的作业或考试习题作答情况与往届学生的作答情况进行对比。教师通过这种对比了解学生的水平，如哪些知识的掌握已经超过往届学生，哪些问题是历届学生的共同学习难点等。教师可在每周的备课组会议上讨论研究这些问题，适时调整课程计划，以促使年级学科质量向着更优的方向发展。

（二）落实数学个性化分层教学

教育的意义在于为每名学生找到最佳的成长方式。极课大数据系统可以自动跟踪分析学生的学习状况，提供学生的数据信息。教师可通过系统的反馈了解每名学生不同阶段的学习状况，为学生建立学科学业档案，认真研究个体学情并实施精准化教学，落实分层教学同时，教师可以通过分析某次考试中学生的薄弱项，达到"备学生"的目的。

对于测试成绩波动较大的学生，教师要查看该生做错的题目，并和学生一起分析做错的原因，在分析不同学科测试的数据时，教师要因材施教，分析学生的本质，为他们选择最佳的成长路线，在学习的要求上略有侧重，真正将教学落到实处。

在当今大数据时代，为了有效提高培养质量与教育水平，我们要进行大数据信息技术研究，利用信息数据提高教学效果。极课大数据为高效课堂的实施奠定了基础，推动了教学质量的提升，极课大数据是学业信息采集与学情追踪反馈的系统，对减负增效有极大的作用。我们要用科技提升教育生产力，从而真正从"分的教育"转变为"人的教育"。

第六章　大数据视域下高中数学精准教学实践

第一节　大数据下高中数学精准教学的数据分析

大多数高中教师处于大班额的教学环境，这使学生很难获得具有个性化、精准化的教学指导，这也是提升高中数学教学有效性所面临的主要问题之一。但在大数据背景下，高中数学教师可以通过各类数据的灵活引用与深入分析构建更生动、高效的数学课堂，为精准教学实施提供有力保障。

基于大数据技术的科学应用，教师能准确了解学学情，然后为学生制定适合他们的多样性活动，让他们积极开展自主学习、合作探究。这样的教师角色，就从以往教学中的主导者转变成了辅导者，以此促进教学精准性。"在大数据背景下，教师可以从不同渠道深入了解学生学情，准确把握学生的学习兴趣、习惯，以及各个知识点的掌握情况、易错点等。"① 总而言之，大数据背景下教师对学生的情况了如指掌，能为精准教学的有效落实奠定坚实基础。

一、通过测试获得学生学习数据

在日常教学中，教师可通过测试获得学生信息，然后基于对这一数据的分析，实现对学生该阶段具体学情的准确把握，在此基础上再开展精准化教学，从而提升数学教学的针对性、有效性。这样在制作试卷的过程中，学校就可以将每一道题主要考查的知识点直接写在旁边，方便学生之后系统归类、师生查阅。

通过大数据批阅试卷，教师对学生的错题一目了然。教师通过分析学生的错题本，能清楚地了解学生的知识薄弱点和易错点。这样在之后的试卷讲解以及课后辅导中才能更有针对性，可以有效落实精准教学，进而促进课堂教学实效性的显著提升。

二、结合学习数据优化教学方案

在结合学习数据优化教学方案的过程中有一点尤其要注意，每个学生的情况不同，对

---

①赵夏婷 . 大数据背景下高中数学精准教学中的数据分析探究［J］. 新课程，2021（49）：159.

于同样的知识点，因学生掌握程度不同，出现的错误也不尽相同。例如，有的学生可能是比较粗心，审题不仔细，还有一些学生对所学知识掌握不够牢固。对此，在大数据背景下，教师在教学活动设计中，应基于对学习数据、学习情况的综合分析设计适合的教学方案，以此提升教学针对性和精准化。

例如，有的学生对"函数的性质"这一知识点掌握得不太好，所以在为该学生设计辅导方案时，便先引导其对这一知识点的概念性内容进行复习，然后再指导学生循序渐进地复习、掌握本节知识要点、记忆方式、典型题型及解题方法。确保学生实现对基础知识的准确把握之后，教师设计了下面的典型例题检验学生的复习掌握情况，让学生在实践分析、解答中进一步提升对函数性质的理解、把握。

第二节　大数据下数学精准教学中作业优化模式

信息技术迅速发展的今天，高中数学教师可利用大数据实施精准教学和作业优化，作业应更加注重其内容的针对性和方法的创新性。本书依托大数据，收集学生的错题，经教师审核筛选和平台个性化匹配，形成学生个性化错题手册，构建作业优化模式。教师利用个性化错题手册，进一步优化课堂教学设计，产生错题关联，开展个性化辅导，实施精准干预，让精准教学成为可能。

精准教学主张学习即操作条件作用，以流畅度作为衡量学生学习发展的指标，流畅度包括准确度和速度，具有五大属性：一是持久性，即学生在无额外练习的情况下，能否根据需求执行任务；二是耐久性，即必要时能否在长时间内持续执行任务；三是稳定性，即碰到干扰时，能否继续实施一项技能；四是应用性，即知识或技能是否可以容易地应用于新的情境；五是生成性，即在没有明显的指导下，是否出现复杂行为技能。"精准教学主要通过测量学生学习行为的频率来获得数据，通过测量获得学习行为结果，进而依据结果进行强化练习，以减轻学生的课业负担，提升学生的学习质量，是一种典型的结果驱动型教学方式。"[①]

目前大部分高中还是大班额教学，在大班额教学环境下，最大的困难就是难以因材施教，对学生进行个性化教学。而大数据背景下的精准教学则有望解决这样的困境。技术时代下的精准教学，可以全面、迅速、实时地记录、跟踪和分析学生的学习情况，通过数据

---

①马罗．大数据驱动下的高中数学精准教学中作业优化模式探索［J］．新课程评论，2021（9）：80．

洞悉学习者的状态及学习情况，生成有针对性的个性化教学目标，运用合适的教学资源，有针对性地进行个性化教学。

作业是学生学习成果的巩固和提高，是学生学习效果的检验与考核。因此，重视学生的作业是提高教学质量，提升学生素质的重要环节。高中要合理安排作业时间，科学合理布置作业。而作业的优化是精准教学中的一个重要环节。因为信息技术还未普及，精准教学的测量在最初提出时只能以纸笔为工具进行测量，所以数据采集、数据分析的效率不高，无法对学生进行精准教学。

但随着大数据时代的发展及信息技术在教育教学过程中的应用，很多平台可以为精准教学提供良好的技术支撑和数据支撑，他们通过大数据和人工智能等教育科技手段，在同步学校教学进度，覆盖练习、评测等方面发挥了非常重要的作用，帮助教师减负增效，帮助学生培养学习兴趣，方便家长掌握学情。但由于平台开发人员并不了解教育的实际需求，很多大数据平台在开发过程中还需要一线教学人员实际参与，才能将大数据量化分析到班级和学生个人，才能定制出学生个性化的学习任务，才能有利于教师开展精准教学。

在优化学生作业方面，可以从以下步骤入手。

一、收集数据，科学构建数据平台

数据采集是精准教学开展的前提，因此首先需要收集学生学习的数据。如果仅仅收集学生期中期末考试的数据，数据量过少，不具备分析基础。高中阶段，学生每天都会有相应的数学作业来巩固课堂所学的知识，这是一个了解学生学习情况的好素材。

为了获得更多有价值的数据，一方面，数学备课组采用自编每节课后的常规作业的方式，根据学生学情，结合课堂教学情况，围绕教学中的重点、难点、易错点进行编写，内容包含教科书例题、习题以及相关变式题和拓展题。通过将作业分层布置，进一步强化了作业的针对性和有效性。并且将每天的作业试卷化，每天制作答题卡，学生自主选择时间完成作业，记录好完成时长，形成有计划的学习习惯，为高效学习提供可能。教师每日收集学生作业答题卡，选择题机阅，填空题、解答题手阅。手阅部分，详批详改，留下痕迹，给出分数，便于及时与学生沟通，培养学生良好的答题习惯。最后将批改后的学生答题卡扫描上传至某教学平台。扫描上传后，这份手阅作业的详细信息就被平台记录下来了，构成丰富有效的数据平台，便于教师进行更精准的课堂教学。另一方面，教师进行的随堂小测也可以自行设计成可扫描的试卷，形式同上操作，进一步充实了数据资源。当然平时的阶段性考试等数据也通过统一的平台收集起来，形成更丰富的数据库。

二、分析数据，合理优化教学设计

我们借助信息化平台，利用大数据，探索形成了教师精准教学策略。每次批阅完学生作业或试卷后，平台会及时提供详细的数据分析，教师可查看学生的学习数据，通过分析数据制定后续课堂教学内容。例如，教师可以看到学生每个题的得分、班级平均分、年级平均分等数据。同时也知道每道题哪些学生做错了，哪些题做错的学生最多等，教师可以根据这些信息确定作业讲评的内容。

通过打开平台查看每道题的具体完成情况，教师对每个学生对不同难度题目的掌握程度都了然于心。如需补充同类型的题进行加强训练，可以点击"拓展资源"，一般平台会提供3~5道类似题或变式题或拓展题供教师选择。这样，教师在认真读取这些数据后，可以通过平台迅速找到匹配的作业讲评内容，有针对性地解决学生的问题，教学过程精准有效。

教师通过对学生作业情况的精准分析，及时疏通学生思维的"堵点"，引导学生学会发现各知识点之间的联系，构建知识体系，从而使学生的思维品质和数学素养得到提升。这样，学生在平时的学习中不再是机械刷题，而是有意识、有针对性地进行研究分析，养成总结归纳的学习习惯，逐步学会在解题中进行思维的迁移，克服知识碎片化、割裂化的现象，学会把握好知识的联系性和整体性，逐渐形成更好地认知结构，深刻感受到数学的魅力。

大数据可以帮助教师分析作业情况，对学生的学习状态精准定位、精准刻画、精准跟踪，从而进行动态教学。因此，作业的优化为课堂精准施教提供依据。

三、利用数据，产生错题关联数据

高中的数学知识结构是一个整体，需要由浅入深地进行学习，知识的连续性很强。如果前面的知识、方法掌握不到位，后续学习将难以继续，这也是高中数学难学的原因之一。因此，针对学生在同一知识点或同一题型上屡次做错的现象，可以通过错题资源库的建立和利用引导学生增强错题意识，来避免相同的错误重复出现，从而培养举一反三、拓展迁移的能力。基于此，利用大数据平台已有的题库优势，以学生作业情况及考试情况自动生成的个性化错题集来代替原有学生手写的错题集。

同时，针对每一道错题，平台会给出考查方向、错因分析、错题订正、变式练习（含巩固题和拓展题两类）。通过变式题产生错题关联，让学生及时得到针对错题的精准训练，帮助学生迅速厘清相关知识点，将学生从题海战术中解脱出来，真正实现课业减负的目标。因此，利用数据，产生错题关联，有利于增强教与学的有效性，提高教师教学和学生学习的效率。

总而言之，高中数学精准教学中作业优化模式探索，充分利用大数据分析学生的学习情况，寻求更细致的个性化指导，帮助不同层次的学生针对自己的问题查漏补缺，精准干预教学过程，提高了教师的教学效率。通过生成个性化错题手册督促学生自主学习，让学生普遍了解到错题重做的必要性，学会了自主复习巩固知识点的方法，有效提高了学生学习的主动性和学习数学的热情。可见，正确的数据收集和处理为数学学习成绩的提高，学生思维方式的进一步优化提供了有效的帮助。

第三节　大数据发展在高中数学精准教学中运用

根据新课程标准提出的要求，每个学生都要能够得到良好的数学教学，并且在数学方面得到不同程度的发展，但是在实际教学过程中，学生数学学习效果很大程度上取决于其个性化的学习体验，受到传统课程教学条件的影响，数学教育一直实行的都是经验主义模式，教师要想获得足够的学情数据，无论是数据收集还是数据处理，都需要耗费大量的工作，而大数据的出现极大地改变了这一现状，不仅拓宽了学生获得知识的路径，同时还为数学教学模式的改进创造了更好的发展机遇。在高中课程体系中，数学无论是教师教学还是学生学习都存在很大的难度，如果能够充分利用大数据技术，不断创新课堂教学形式，结合学生学习情况精准教学，对高中数学教学质量的提升有着非常重要的现实意义。

一、大数据发展推动数学教学中师生角色的转变

（一）教师课堂教学角色的改变

1. 大数据为教师教学提供了新的教学模式

传统课堂教学过程中教师的教学行为在很大程度上受到教学设备的桎梏，以灌输式教学模式为主，教师扮演的是课堂主导者的角色，从整体上主导教学方向，常常要舍弃部分需要深入探讨的内容，这造成学生在学习中无法进一步拓宽思维，创造性受限，数学思维模式也逐渐固化。进入大数据环境下，传统教学模式得到一定改善，大数据技术能够辅助教师针对学生开展多样化的教学工作，引导学生自主学习，探究数学问题，教学的开放性

增加，教师的角色也从传统的课堂主导者转变为学生学习的辅导者。

2. 大数据帮助教师全面了解学生学习情况

大数据技术的不断发展极大地便利了教师的教学活动，教师能够多渠道了解学生真实的学习情况，有助于教师精准施策，教学的针对性得到提升。在传统课堂教学过程中，教师主要是通过阶段性的考试来判断学生对知识点的掌握，显然这种评价方式是片面的。进入大数据时代，教师了解学生学习的渠道更加多样化，合理利用大数据技术能够更好地掌握学生的学习习惯与偏好，更好地把握知识易错点，有针对性地制定教学策略，教学效果得到提升。例如教师可以利用计算机来完成作业批改，减少教师工作量的同时还能借助计算机针对批改结果进行全面分析，形成分析数据存档，指导后续教学策略的制定。

（二）学生课堂学习角色的改变

1. 大数据有助于学生更积极参与课堂学习

"学生借助大数据技术搭建起来的学习平台能够更全面深入地参与到教学活动中去，在学习过程中保持与教师、与同学之间的良性互动，开展线上交流，与此同时，教师通过大数据平台得到的数据分析结论能够更有针对性地调整教学策略，将数学课堂打造成一个教师与学生互教互学的平台。"[①] 具体教学过程中，教师借助数据系统在课堂布置预习任务，学生在预习后能够在线上及时反馈自己的预习成果，教师收到反馈后进行大数据分析，整体上把握学生真实学习情况，指导后续教学活动的开展。

2. 大数据有效提升学生学习的积极主动性

对高中数学学习而言，课堂知识学习之后还需要大量开展课后练习，做好错题积累，这都是查漏补缺、巩固提升的重要步骤，每一个环节都必不可少。但是过去数学课堂中学生错题积累大多采取的是定制错题集的形式，需要耗费大量的时间，而借助大数据，学生可以在网上搜索下载各个知识点经典的错题，结合自己常常做错的题目，有针对性地收集相关的题型进行练习，在此基础上教师收集学生的练习反馈数据，有针对性地进行教学指导，教学效果更好。

二、大数据技术发展下数学精准教学的应对策略

---

①潘志胜．大数据发展在实现高中数学精准教学中应用分析［J］．学苑教育，2022（19）：22.

（一）精准划分数学教学目标

精准教学中要根据新课标的要求细化教学内容，将教学目标中提及的教学内容进行层次划分，在帮助学生实现数学素养发展的同时全面提升教学质量。教师可以借助大数据技术建立学生学情数据库，将各个阶段开展的考试成绩以及学生在日常学习中的表现都真实记录下来，在全面把控学生学习情况的基础上开展精准教学。具体教学中可以根据教学进度每周、每月都安排一次阶段性的测试，利用云系统进行网络阅卷，将学生的测试结果以数据库储存下来。测试过程中，可以在试题前直接表明测试的知识点，以便于后续进行系统归档与查阅。

在批阅试卷之后，云系统会自动为学生形成错题集，教师通过分析错题集可以发现学生知识体系中存在的弱项，在后续的习题讲解与辅导中更精准的进行规划，切实提高教学效果。需要注意的是，对不同层次的教学目标之间也要设立一定的流动机制，确保与学生的学习进展相适应，如果学生感觉自己不能适应，那么要及时向教师提出。当然这主要依靠教师在教学过程中多进行观察，加强与学生的互动交流，实时了解学生需求，并作出有效判断，调整教学策略。

（二）精准指导教师教学行为

目前，教师在教学中所扮演的角色也发生了明显的变化，从学生学习的控制者变成了学习的引导者，需要在大数据技术的指导下更灵活地开展教学。首先，教师要借助多元数据采集技术将自身从繁杂的作业与试卷批改中解放出来，腾出更多的时间精力开展教学研究，分析学生学情，扎实做好教学准备工作，合理选择教学内容，精确教学目标，更有针对性地选择教学方法；其次，教师要善于借助大数据技术来弥补自身在数学教学中存在的不足，利用大数据分析发现班级教学中普遍存在的知识薄弱点和教学难点，快速定位，集中精力攻坚克难，有针对性地开展教学，科学减负；最后，要充分利用大数据收集优质教学资源，辅助教学工作的开展，缩小不同学校学生之间由于师资水平造成的差别，将优质教学资料应用到课堂教学中去，更好地保障教育公平。

随着大数据时代的发展，大数据相关技术应用到高中数学教学领域是大势所趋，在大数据与教学理念不断交融、相互适应的过程中，无论是学生还是教师，在课堂精准教学中所扮演的角色都在不断变化，教师需要在充分尊重学生的个体差异的基础上借助大数据技术来收集能够真实反映学生学习情况的数据资料，了解造成学习差异的原因，有针对性地开展精准教学，个性化指导，切实保障高中数学精准教学效果，让学生在高中数学课堂都能够得到进步与提升。

第四节　大数据背景下高中数学精准化教学策略

大数据背景是精准化教学的生成前提，能为精准化教学带来科学、完善的技术支持。在此背景下的高中数学教学逐步向预设的教学预期迈进，能使教学质量获得有力保障。

一、大数据背景下高中数学精准化教学的原则

（一）主体性原则

主体性原则就是教师要充分尊重教学过程中学生的主体性地位，正确认识学生在学习基础与学习兴趣等方面存在的差异，让学生的个性得到展现，引导学生更好地发挥自身的学习潜力。教师要注重培养学生对数学学习的兴趣，调动学生主动学习研究的积极性，引导学生自主提问，学会思考。精准教学过程中，教师要借助大数据基础对学生进行合理划分学习层次，根据层次的不同有针对性地进行指导，引导学生在阶段性学习后自主完成层次调整。教师要始终将学生放在学习主体位置，为学生营造平等和谐的学习环境，创造更好的学习条件，充分满足学生的数学求知欲，想方设法调动学生的学习积极性，充分保障教学质量的提升，要主动引导学生转变学习态度，从被动学习转变为主动学习。

（二）系统性原则

高中数学精准教学的各个环节都是连续开展的，针对每一个层次进行教学效果都与教学环节的实际开展情况息息相关，这意味在高中数学精准教学中所应用的大数据也需要注重系统性，从整体上规划教学方案，在整体的基础上把握精准教学，协调学生、教师以及教学资源之间的关系，将学生学习情况与教学目标、教学计划、教学资源等内容充分结合起来，整合面向不同层次学生所选择的教学策略，调整教学效果，夯实精准教学的基础。教师要注重自主学习研究环境的营造，调动学生参与学习，对数学基础比较差的学生，要预留更多的时间来思考，充分锻炼其数学思维能力，而对于数学基础比较扎实的学生，则要引导其多进行自主学习，更好地开发其学习潜力。

（三）学生个体差异原则

每一个人都是独一无二的，学生也不例外，无论是在学习兴趣还是学习能力上都存在天然的区别，这主要是因为每个学生自身的生理与心理发展步伐是不一致的，最终在学习发展上得到表现。加上每个学生成长的环境存在差异，思维发展呈现不一样的水平，先天性因素与后天环境的差异综合作用造成学生在数学学习上表现差别明显，因此教师要充分结合学生表现出来的差异性精准施策，合理选择教学方法，充分满足学生的学习需求，做到教学方法与学生的学习方法相契合。具体教学过程中，教师要借助大数据收集学生的学习相关数据，构建大数据，为精准教学的开展提供数据支撑。

二、大数据背景下高中数学精准化教学的途径

（一）在备课环节精准化设立教学预期

备课环节与教研环节同属于精准化教学的课前准备阶段，这一阶段教师将借助"互联网+"提供的教学资源大数据和高中数学课标分析本节课教学重点，在优质资源和课标的基础上初步确立教学框架，并在心中对精准化教学的最终效果产生明确、细化的预判和期许。"学生的学习目标是什么，具体掌握到什么程度"是教师建立预期主要思考的问题。此环节大数据的应用主要集中于教师对其他优秀教学经验和教学成果的借鉴。教师可以从同级、同课教学实践活动的协同对比中建立优秀标准，向着最优目标设计教学方案，力求教学目标精准、完善。

（二）在教研环节精准化分析学情数据

"最近发展区"教育理念认为："学生存在两个发展水平：一是现有发展水平，二是可能的发展水平。"而教育活动即是将学生由现有发展水平拉向可能发展水平的重要推手。在此教育理论指导下，教师若想科学确立精准化教学目标，设立贴合学生发展需求的教学方案，就需在教学前期借助大数据和信息技术探明学生学科能力水平、知识掌握程度和阶段学情，结合综合学情确立学生"可能的发展水平"，再以此为依据进行合理的教学设计。教师可以将学生阶段课堂学习表现、作业完成情况以及错题汇总情况作为数据分析的依据，建立学生个人学科档案，将学习数据与评价体系进行有机结合，以提升教学设计的精准度和合理性。

（三）在课堂环节精准化落实教学设计

精准化教学的精髓在于精准设计、精准落实，教学过程程序化、标准化是精准化教学的重点。在课堂教学环节，教师可以借助大数据展开以下程序化教学环节设计：首先，教师可以借助大数据在线上建立信息技术学科资源库，将与数学教学相关的资源进行有序整合，辅助课堂展开教学工作，为实施个性化教学创造先决性条件。课堂中应用的教学课件、网络教学资源及拓展考试真题等均可作为资源库中的要素。教师可以立足学生学情灵活调配教学资源，为学生匹配与教学资源相契合的教学方法，设计精确、科学的课堂活动。教师还可以利用大数据的精确性，同步检测并记录学生在课堂各个环节的学习效果，创造新的教学数据，为下一教学环节的设计提供参考。

（四）在考试环节精准化释放考核内容

考试环节是检验学生课堂掌握水平，获得教学数据的直观途径。这一环节的精准化设计主要体现在教师对考试题目的设计上。考核内容既要与课堂教学内容存在紧密关联，又要划分出难度阶梯，使学生在知识掌握上体现出明显的分层数据。此外，教师还要充分考虑到学生的学科能力水平，为学生设计难度适中且符合"最近发展区"的题目，以增强学生的学习自信，培养积极探索精神。对此，一方面教师可以借助大数据分析优势，在学生现有学情数据基础上分析学情，确立考题难易范围；另一方面，教师可以借助大数据的资源优势，在"互联网+"上寻找优质题目资源，为学生设计高质量考题清单，落实考试内容的精准化。

（五）在作业环节精准化诊断教学效果

教师在作业环节运用大数据进行精准化设计，可以从精准化内容铺设和精准化批阅诊断两个方面入手，以提升教学效果。教师可以从网络优质作业数据中检索一部分，丰富学生的作业任务。教师也可以在批阅作业的过程中分析学生作业中体现的学习薄弱点，为学生整理、生成新阶段作业数据。教师还可以在批语处为学生分享精准化作业诊断，使学生对自身学习情况建立正确的学习认知。

（六）在辅导环节精准化释放补偿教学

经过前期多项精准化教学环节的铺设，教师已能从学生反馈中获得一定的数据样本，并能从数据中分析学生的大体学习情况。此时为学生提供补偿性教学辅导，能为学生夯实知识基础，帮助学生查漏补缺，填补知识盲区。在教学后期，学生需要辅导、补偿的学习内容存在差异性。教师此时需要借助大数据的力量分层解析学生补偿教学方向，为学生提供个性化、差异化辅导，以此提升学生受教育的精确性，提升辅导教学质量。

综上所述，教师在进行精准化教学设计时，可以借助大数据的信息资源和内容体系搭建高中数学精准化教学的几个核心环节。在备课、教研阶段立足教学目标设计课堂教学问题，实现教学目标的精准化预期。在课堂、考试环节严格按照设计方案落实教学内容，提升精准化教学的指向性。在课后作业、辅导环节，教师需结合作业与考试结果为学生实施诊断性教学，以完善精准化教学的最终效果。完整的精准化教学环节处处离不开大数据的支持，教师需注意培养自身数据应用技能，提升信息技术驾驭能力。

参考文献

[1] 陈泓茹，赵宁，汪伟. 大数据融入人文社科研究的基本问题［J］. 学术论坛，2015，38（12）：106-110.

[2] 单凤美. 高中数学教学方法研究与实践［M］. 天津：天津科学技术出版社，2018.

[3] 郭彩凤. 翻转课堂与微课. 高中卷［M］. 北京：中国轻工业出版社，2016.

[4] 郭伟. 大数据背景下高中数学精准化教学的策略研究［J］. 新智慧，2022（36）：21-23.

[5] 何克晶，阳义南. 大数据前沿技术与应用［M］. 广州：华南理工大学出版社，2017.

[6] 兰晓惊. 基于云班课的数学问题驱动教学模式构建和优化［J］. 教师，2022（16）：36.

[7] 李保臻，孟彩彩，巩铠玮. 基于深度学习的高中数学教学设计研究［J］. 教学与管理（中学版），2021（9）：62-64.

[8] 李波，彭湃，王磊. 大数据驱动的精准化教学干预——基于高中数学教学的实证研究［J］. 教育研究与实验，2022（1）：64-70.

[9] 李明霞，李建国. 学生为本与高效课堂［M］. 北京：中国轻工业出版社，2015.

[10] 卢光. 高中数学深度学习与深度教学研究述评［J］. 中学数学教学参考，2021（10）：73-76.

[11] 马罗. 大数据驱动下的高中数学精准教学中作业优化模式探索［J］. 新课程评论，2021（9）：80.

[12] 倪树平. 精准·精细·精炼：高中数学微专题深度教学的思考［J］. 中学数学教学参考，2020（7）：67-70.

[13] 潘超. 数学有效教学的理论与实践［M］. 成都：四川大学出版社，2016.

[14] 潘志胜. 大数据发展在实现高中数学精准教学中应用分析［J］. 学苑教育，2022（19）：22.

[15] 祁海波. 大数据背景下高中数学教师的大思维［J］. 数学大世界（中旬），2021（9）：31.

[16] 乔笑斐，马凯莉. 大数据视角下数学理论与经验现象的关系探析［J］. 系统科学学

报，2019，27（1）：61-64，70.

[17] 沈慧彬. 刍议大数据视域下的高中数学教学方法［J］. 新课程研究，2022（30）：107.

[18] 孙兴平. 高中数学课堂中创新思维的培养［J］. 课程教育研究，2019（45）：133.

[19] 汤兵勇. 云计算概论：基础、技术、商务、应用［M］. 2版. 北京：化学工业出版社，2016.

[20] 汤池武. 基于翻转课堂模式的高中数学教学实践——以"三角函数（第一课时）"为例［J］. 中学数学教学参考，2023（9）：1-2.

[21] 陶珊珊. 高中数学教师如何运用大数据优化教学［J］. 安徽教育科研，2020（14）：78.

[22] 王成刚，王克亮. 数学课堂教学中问题驱动的实施策略［J］. 教学与管理（中学版），2019，（10）：60-62.

[23] 王红艳. 在高中数学教学中运用微课的策略［J］. 数学大世界（中旬），2020（2）：16.

[24] 王华民，朱翠. 让概念在问题驱动下形成——高中数学概念教学的实践探索［J］. 中学数学教学参考（上半月高中），2011：21-23.

[25] 王克亮. 高中数学教学"问题驱动"的探索与实践［M］. 苏州：苏州大学出版社，2017.

[26] 魏平义，潘静，杨永东. 高中数学基本理念思考与实践教学：2017年版《普通高中数学课程标准》［M］. 长春：吉林人民出版社，2020.

[27] 吴丽云. 优化数学环境，提高教学效率［J］. 考试周刊，2013（46）：69-70.

[28] 闫立军. 高中数学教学中有效开发错题资源的意义探讨［J］. 数学学习与研究，2022（14）：59.

[29] 叶燕忠. 高中数学翻转课堂的实践与反思［J］. 教学月刊（中学版），2014（10）：19-20.

[30] 于健，赵新，黄辉. 大数据下高中数学教学研究［M］. 长春：吉林人民出版社，2019.

[31] 章建锋，范永明. 基于极课大数据的高中数学精准课堂教学研究［J］. 数学学习与研究，2021（2）：88.

[32] 赵刚. 大数据：技术与应用实践指南［M］. 北京：电子工业出版社，2013.

[33] 赵凯，李玮瑶. 大数据与云计算技术漫谈［M］. 北京：光明日报出版社，2015.

[34] 赵萍，郭泽琳. 深度学习视域下逆向单元教学设计在高中数学教学中的应用成效

[J]．华南师范大学学报（社会科学版），2022（3）：54-65.

[35] 赵萍，田俊．面向精准教学的逆向教学设计模式构建与实证研究——以高中数学学科为例［J］．中国电化教育，2022（2）：98-105.

[36] 赵夏婷．大数据背景下高中数学精准教学中的数据分析探究［J］．新课程，2021（49）：159.

[37] 赵勇．架构大数据：大数据技术及算法解析［M］．北京：电子工业出版社，2015.

[38] 周苏，王文．大数据导论［M］．北京：清华大学出版社，2016.

[39] 邹念琛．大数据环境下教师在高中数学教学中培养学生自主学习能力的作用研究［J］．高考，2021（20）：74.